AF398477

TULEN ÄÄNIÄ

..JA MUITA KATKELMIA

-Antero Säkkinen-

Kustantaja: BoD-Books on Demand, Helsinki, Suomi

Valmistaja: BoD-Books on Demand, Norderstedt, Saksa

ISBN: 9789515680006

Tulen ääniä

Kun katson taas tätä kaikkea en vain jaksa enää ihmetellä. Aivan kuin olisin ollut poissa täältä jo vuosia enkä enää tuntisi kaupunkia ja sen ihmisiä. Aina sama juttu. Mutta valitettavasti muistan kyllä enkä todellisuudessa ole koskaan lähtenytkään täältä, onnettomuuden jälkeen kaikki on vain ollut enemmän tai vähemmän tällaista. Ja vaikka olimme selviytyneet siitä ja päässeet kuulemma itse asiassa vähällä, niin yritän silti yhä parhaani mukaan olla muistelematta tai edes ajattelematta tuota aurinkoista päivää jolloin kaikki sitten lopulta murtui ontosti rysähtäen ympäriltämme.

Tarkoitan tuota päivää, jolloin kaupungistamme pyyhkiytyivät pois arkiset ja normaalit totutut asiat. Lyhyesti sanottuna päällimmäiset pintakerrokset katosivat pois päästäen sisemmät ja oudommat pintaan paljastaen meille värikkäämmän maailman jossa uudet jumalat ja vanhat paholaiset kulkevat arkipäivisinä keskuudessamme, missä myytit ja ihmeteot ovat arkea ja aiemmin salatut ajatukset ja teot ovat julkista jokapäiväistä elämää.

Aivan kuin ihmiset olisivat olleet entistä tietoisempia osastaan työmuurahaisina , mutta silti yksilöllisempinä ja itsenäisempinä kuin ennen.

Olimme silti päässeet loppujen lopuksi vähällä ja olihan kaikki edelleenkin melkein kuin ennen. Vaikka kaikki oli itse asiassa alkanut jo paljon aiemmin ja merkit olivat päivä päivältä selvempiä niin me emme niitä siltikään havainneet. Vaikka oli ollut hiljaista jo useamman päivän ajan ja jo tutun sairaalla kuumeisella tavalla, emme siltikään kuulleet tulen ääniä. Tarinani saattaa kuulostaa puutteelliselta mutten pyytele sitä anteeksi enkä muutakaan. Kerron vain omista kokemuksistani eturivin osallistujana kaupungin ratkeamispäivänä:

Onnettomuuden voiman pyyhkäistessä vanhan järjestyksen pinnalta pois oli aluksi vain vaikuttanut siltä kuin selviytyneet ihmiset olisivat muuttuneet jotenkin henkisemmiksi ja antaneet psyykeittensä toimia vapaasti ja yksilöllisesti ilman rajoja ja elää vain hetkien mukaan ja mukana, mutta muutos ei ollut pysyvä ja muuttui uudelleen nopeasti enemmän psykosomaattisemmaksi ja sitä myötä kokonaisvaltaisemmaksi kokonaisuudeksi.

Ja sen mukana saapui voimakas tunne kaupungista yhtenä jättiläismäisenä kokonaisuutena, joka rumpujen tahtiin tanssien oli matkalla vielä syvempiin tiloihin ja olivat jo löytäneet uuden merkityksen itselleen ts. elämäntavan merkityksettömyydestä. Joukko välinpitämättömiksi muuttuneita pettyneitä neroja ja kyynisiä petoja, jotka lähes kaikesta vastuusta ja moraalista vapautettuina saattoivat vain elää ja antaa ajan kulua. Toistensa kanssa (mutta vain itselleen) eläviä ihmisiä jotka tietävät kyllä olevansa jo menomatkalla, mutta sentään ensimmäisessä luokassa.

Ja vähän heidän perässään kulkevia muutamia pienempiä ryhmiä, joista ehkä vielä suurimpana mutta nopeasti kutistuvana harveneva joukko "hiljaisiksi dhikreiksi" kutsuttuja, yhä vielä menneeseen uskovia jo vanhempia ihmisiä, jotka yrittävät vain yhä elää kuin ennen pitäen nykyhetkeä vain ohimenevänä välivaiheena tai testinä.

Vaikka heitä kutsutaankin usein vain hiljaisiksi, he ovat usein kaikkea muuta kuin juuri sitä. Kulkiessaan heidät tunnistaa hiljaisesta, lähestulkoon jatkuvasta voihkeesta, joka ei silti kuitenkaan ole niin kovaa että se varsinaisesti ketään haittaisi kuin paitsi ehkä heitä itseään. Mutta sen kuitenkin kuulee.

Unohtamatta vielä tietenkään kaupungin eläimiä, joista suuria osa entisiä ihmisten lemmikkejä ja osa taas entisiä eläintarhan asukkeja ja näiden sekoittuneita jälkeläisiä. Vapauduttuaan myös ne olivat jääneet kaupunkiin elämään ja näin voimistivat omalta osaltaan vaikutelmaa nykyajan kieroutuneesta Nooan arkista.

Kaikesta tästä mahdollisesta ja mahdottomasta huolimatta kaikki näyttää vain jatkuvan itse elämän kulkiessa lyhyinä irrallisina jaksoina, ei hyvinä eikä pahoina, vain hyppyinä hetkistä toisiin ilman mitään yhteyttä tai kokonaisuutta. Niinkuin näkisit vain tuttuja muttet ystäviä. Kaikki jatkuu melkein kuin ennen kaiken ollessa aina melkein, muttei kuitenkaan koskaan täysin kuin ennen.

Ja tunnen sen joka päivä ja joka kerta tuon rummutuksen alkaessa, elämän. En menneenä tai tulevana vaan juuri siinä ja siina hetkessä. Sykkeen ja sen välittömyyden, joka värittömänä ilman lämpöä tai minkäänlaista makua ainoastaan on. Läsnä olemassaolevan neutraalina, melkein totaalisena.

Muttei tietenkään täysin, korkeintaan ehkä 95 prosenttisena. Painajainen 95 % rummuilla tahditettuna. Tanssia jatkuvissa kadotuksen venyneissä tunneissa, joita kaupunki elää kuulematta vieläkään ja edelleenkään tulen ääniä.

Missä kaksi tai useampi teistä nimissäni kokoontuu..

Velho:

Typerät ihmiset täyttivät kaivamiani kuoppia jatkuvasti. Joskus useampia ja joskus vain yhden, mutta aina kuitenkin. Ei ole mitään raivostuttavampaa kuin tehdä työtä, nukkua ja herätä taas huomaamaan että työsi on tehty tyhjäksi ja aloittaa uudestaan siitä minkä olet jo kertaalleen tehnyt. Ja joka kerta kaivaessasi kuoppaa uudestaan löydät vielä pohjalta jonkin kuolleen kotieläimen raadon. Joka kerta.

Aluksi tyydyin vain viskomaan niitä pois jonnekin kauemmas, mutta pian tajusin voivani vastata loukkauksiin samalla mitalla. Jos kerran nuo ihmiset tulivat tänne ilkeyttään kaupungista asti vain tärvelemään ja hidastamaan työtäni, niin miksen vastaisi samoin heille ja samalla vielä hyötyisi siitä ? Joten aloin keräämään noita eläimenraatoja talteen ja käyttämään niitä ravintonani. Kissoja, koiria ja marsujakin joskus.

Ne eivät itse asiassa ole yhtään hullumpaa ravintoa, minä ainakin olen pärjännyt niillä hyvin. Sitä paitsi, eläintenruoka jota niille yleensä on syötetty on useimmissa tapauksissa paljon terveellisempää kuin ihmisten käyttämä ravinto. Saatoin siis olla huoletta, minä pysyisin kunnossa.

Ainoa minua varsinaisesti huolettava asia oli täällä viettämäni aika. En käyttänyt kelloa enkä kalenteria, mutta oli varmaankin jo syksy, koska ilma oli useammin viileämpää ja puita kului edes jonkinlaisen lämmön ylläpitämiseksi yhä enemmän. Pilkkoessani eläinten hautausmaa-kylttiä nuotioon mietin taas joutuvani ehkä poistumaan jonnekin etelään täältä talveksi, mutta en yksin

Vanhasta vielä käyttämästäni postilokerosta noutamieni tyttöystäväni lähettämien kirjeiden sävy kertoi selkeästi olevan aika lähteä noutamaan hänet pois sairaasta kodistaan. Jos lähtisin liikkeelle huomisaamuna olisin tuurilla jo saman päivän illaksi perillä..

-Oli typerää saapua huijarin-karvahattu-himobaariin ennen puoltapäivää, se oli ensimmäinen virhe. Toisen virheeni taas tajusin baarin kokonaiskuvaa katsoessani.

Luulin ihmisten seuran ehkä piristävän minua, mutta aina paikallaanoleva vanha kanta-asiakasjuoppo kuin väsyneennäköinen tarjoilijatarkaan eivät näyttäneet olevan kiinnostuneita seurasteni joten istuin tyhjään pöytään ja tyydyin vain juomaan itsekseni.

Saatuani toisen tuopin ajatukseni palasivat taas samalle tutulle radalle kuin niin monesti viime päivien aikoina. Naiseni oli minut jättänyt ja uskonto oli siihen syyllinen.

Maamme valtionuskonto, anteeksiannon ja laupeuden uskonto kristinusko, joka ei kääntänyt minulle toista poskeaan (ensimmäisestä puhumattakaan), vaan vei naiseni julistaen siinä samalla pelastuksen pyhää sanomaa.

Tilasin kolmannen.

-Uskonnonvapauden lisäksi meillä on (ainakin teoriassa) myös mielipide- sekä valinnanvapaus. Uskoakseni -heh heh- naisellani oli nuo kaikki kolme ja niin luulin niiden myös minulla olevan, mutta olin taas jälleen kerran väärässä.

En jaksa enää muistaa saati sitten toistaa kuinka asiat olivat muuttuneet, kehittyneet ja lopulta kulminoituneet pisteeseen, joka sai naiseni jättämään minut. Se, minkä taas muistin edelleenkin liian hyvin oli hänen jättämänsä kirje, jossa hän kertoi minun olevan syntinen (niinkuin kaikki muutkin) ja mitä ilmeisimmin olevani myös demonien tai joidenkin outojen hurmahenkien vallassa piehtaroiva ihmisraukka. Tämä Baabelin poika ei kunnioittanut herraa meidän jumalaamme, eikä naiseni palaisi luokseni ennen kuin näin ymmärtäisin tehdä.

-Huomasin päätyneeni entistä nopeammin samaan patti-tilanteeseen kuin jo niin monesti aiemmin viime päivien aikana. Katsoin pöhöttynyttä ja itseään aivan liiaksi meikannutta tarjoilijatarta, joka oli rupsahtanut jo kauan ennen aikojaan ja katsoin vanhaa juoppoa, joka ilmeisesti ikänsä puolesta oli ollut sodassa ja selvinnyt sieltä, muttei koskaan selviäisi hengissä himo-hattubaarista. Katsoin myös itseäni hetken peilistä.

Ja taas kerran päädyin miettimään meitä kaikkia: Jos kerran jumala loi ihmisen omaksi kuvakseen, niin kuka tällaista paskiaista voisi kunnioittaa ?

Tilasin neljännen.

Seuraavaksi voisi sitten lähteä tapaamaan Dr:ää Texasiin, niin kuin sovittu oli. Silmäkonjakkiakin kuulemma löytyisi taas..

Maria:

-Nuoruuden pakollinen menetys iljettää toisia tyyppejä vielä nykyäänkin. Se tapahtui kuitenkin jo aiemmin ja epähuomiossa eikä sinänsä ole enää mitenkään kiinnostavaa.

-"Onko siis "minä" jonkinlainen substanssi, ja jos niin onko "minä" substanssina sitten ego vaiko subjekti ?" Pysyvän olion kirjallinen hölinä kuului sisälle asti ja Maria kirjoitti yhden sen "viisauksista" vihkoonsa ylös.

Ei tarvinnut mennä ikkunaan katsomaan kun tietää jo etukäteen mitä olisi taas tiedossa, hän mutisi itsekseen. Pimeyttä juuri ennen aamua, kerrostalojen tummia siluetteja ja yksinäinen valo erään tietyn vastapäisen talon toisen kerroksen wc:n ikkunassa.

Palatessaan takaisin keittiöön Maria niin näki kuin myös tunsi tuon valon vaikutuksen taas. Oli vielä hämärää, muttei siltikään tarpeeksi etteikö olisi erottanut ikkunan alla mouruavaa oliolaumaa. Rummutusta oli taas jatkunut koko yön, onneksi noilla olioilla ei näyttänyt olevan rytmitajua..

Ja (jälleen kerran) hän tunsi paljasta iljetystä katsoessaan tuota outoa näytelmää valaistuksineen.

-Se, mitä olin joskus erehdyksessä luullut lupaukseksi ja pitänyt yleensäkin hyvänä asiana olikin sittemmin osoittautunut aivan kaikeksi muuksi, Maria mietti edelleen itsekseen.

Aina tähän asti tuo jo mainittu valo oli tiennyt jotain hirveää, aivan kuin se olisi toiminut jonkinlaisena valomerkkinä kauheudelle ? Erona oli vain se, että tämä " valomerkki" ei lopettanut mitään, vaan täysin päinvastoin aloitti.

Jos vaikka joku oliojoukosta pihamaalla olisi sattunut vaikka väsähtämään, niin juuri tuo valo herätti ne uuteen toimeen taas.

-Nuo huuliaan itsekseen lipovat, oranssi-ikeniset hourulan olennot. Irvistellen ja kutisevia ikeniään rikkinäisillä kynsillään raapien ne nauroivat taas toisilleen tai sitten vain keskenään. Silmät punaisina ne olivat taas jatkaneet menoaan jo eilisestä lähtien..
 Mikään ei olisi enää voinut olla vähemmän kiinnostavaa. Räyhäävä ja vähämielinen lauma menneisyyden haamuja kuolaamassa talon piha-aitaan nojaillen..

-Sister Ann ja Jade varmaan odottelivat jo ja Jade oli tapansa mukaan pyytänyt tuomaan tupakkaa, Maria kelaili pukeutuessaan. Hän oli lähdössä tapaamaan kahta vanhaa ystävää eikä antaisi aiemman epähuomion haitata enää, hän kyllä tiesi taas mitä tehdä.
 Hän ei myöskään elätellyt mitään harhoja noiden piha-olioiden suhteen, vaikka ne olivatkin joskus aiemmin olleet jopa ystävällisiä.
 Silloinkin hän oli lähtenyt niiden jäädessä tänne huokailemaan. Turha tietysti mainitakaan että kulunut aika ei mitenkään muuttanut niitä miksikään, ainoa muutos oli korkeintaan oliomaisuuden vahvistuminen.
 -Silti ja yhä mietin aina välillä olivatko nuo kuvatukset subjekti ja minä objekti vaiko päinvastoin ? Maria pallotteli aiempaa kysymystä.
Hän korkkasi uuden pullon ikkunan ääressä ja kuulin olioiden riemastuvan.
-Toteuttaisin suunnitelmani kirjoitukset päätettyäni.

-Yksi menneisyyden huonoja puolia on kaiken vaikuttaminen niin yksisuuntaiselta jälkeenpäin. Kaikki pikku teot ja sanat saavat lisää merkitystä ja tahtovat monesti kasvaa itse pääasiaa suuremmiksi..

-Jälleen kohtaisin siis taas nuo haamut ja pääsisin niiden yli vain tallomalla ne maahan, tai sitten pysähtyisin ja päätyisin itse menneisyyteni syömäksi.
Maria tyhjensi pullon ja valmistautui lähtöön, solmi kenkänsä ja avasi hiljaa oven kapeaan rappukäytävään, jonne innokkaimmat niistä olivat jo ehtineet..

Dr.

Dr. katseli kaupungin ympäristöä kulkiessaan tuttuja katuja eteenpäin. Sortuneita ja hiiltyneitä pölyisiä rakennuksia ja siellä täällä vielä edelleen pystyssäolevia kortteleita. Viisi- ja seitsenkerroksisia rapattuja (ei-iloisen-näköisiä) rakennuksia, mutkikkaita ja ahtaita katuja ja siinä se oli kaiken tämän keskellä: Vanha Hardcore hotel (tai Texas, kuten sitä nykyään kutsuttiin). Ihme, että se oli vielä yleensä säilynyt pystyssä.

Siinä oli viisi kerrosta, joista rappaus oli jo valtaosin putoillut mutta vielä jäljelläolevista kohdista näki julkisivun olleen joskus aiemmin punainen. Talon ikkunat näyttivät peitetyiltä eikä mistään metallista Texas-nimikylttiä lukuun ottamatta voinut päätellä oliko rakennus enää käytössä ollenkaan vai ei ?

Niin tai näin, talon hengen saattoi edelleen aistia voimakkaasti ja se oli sekoitus rappioituneisuutta ja turmeltunutta poikkeavuutta. Dr. pysähtyi talon edustalle tuntien olonsa levolliseksi.

Jos vertaisi kaupunkia yleisesti ennen ja nyt, niin karkeasti ottaen nykyiset kaupungin aamut olivat ehkä eniten entisenkaltaisia. Ihmiset heräsivät, nousivat ylös ja ryhtyivät päivän toimiinsa eli melkein samaa kuin ennenkin. Ainoastaan ilman entisenlaista kiirettä, minkä menneisyyden töihinmenijät aamuisin aiheuttivat.

Päivät taas olivat muuttuneet, poissa oli entinen järjestelmä jossa kaikki toimivat kuin koneenosina pitäen yhden suuren koneen käynnissä. Nykyisyys oli sekoitus suurta muurahaispesää ja sekavaa kirpputoria, jossa kaikki pyrkivät hoitamaan hommat kotiin ilman murheita suuremmasta kokonaisuudesta. Kaikki vain pyrkivät järjestämään itsellensä toimeentulon ainakin siksi päiväksi ilman mitään perverssejä unelmia "taloudellisesta kasvusta".

Ja iltaisin kaupunki hämärtyi nopeammin kuin ennen, koska katuvalot eivät enää läheskään aina   toimineet. Useimmiten valaistus oli kadunvarsiin sytytettyjen nuotioiden varassa, jotka varsinaisesti toimivat ruuanvalmistus- ja myyntipaikkoina. Jos haluaisi ajatella tilanteesta positiivisesti, niin valmistuvien ruokien tuoksu kaduilla ehkä vähän pehmensi puutteellisen valaistuksen aiheuttamaa turhautumista.

Elämä ihmisillä jatkui niin kuin torakoilla, olosuhteista riippumatta.. Dr mietti ja jatkoi taas kulkuaan.

Paluumatkalla kappeliin hän jatkoi taas ympäristön tuomia ajatuksiaan.

-..tuttuja kulmia ja menneitä tapahtumia, joissa käsiraudat haukkuivat ja ovet paukkuivat pojille, jotka eivät tanssineet yhteen.. .ja sitten yksi ammattimainen kuriiri menee ryysimään kaiken ? Se ei tosiaan ollut hyvä juttu..

-Toisaalta, hyvyys ja pahuus ilmenevät meissä sen mukaan miten koemme eri tilanteet. Itse en ole kokenut tekojani joko hyviksi tai pahoiksi, usein ainoastaan teoiksi.

Pahuus saa kasvot vasta opetettaessa mitä saa tehdä ja mitä taas ei. Kun taas hyvyys useimmiten kärsimyksien tai koettelemuksien kautta. Täällä on riittänyt molempia yllinkyllin, yritä siinä itsenäisesti päätellä ovatko he hyviä vai pahoja ?..

-Mutta sille kaikelle tulisi nopeasti loppu, kunhan ydinryhmä olisi taas koossa. He tietävät ja tuntevat asioiden laidan täällä ja auttaisihan tämä heitäkin. Pelastaisi Jaden ja tämän miehen toisiltaan, antaisi Marialle taas syyn elää.. .ja niin kuin tunnettua on että nopea elämä vanhentaa nopeasti, mutta pelkkä elämä taas tappaa.

Dr. muisti erään keskustelun Singhin kanssa ja etenkin Singhin lopetus oli jäänyt hänen mieleensä:

-..emme halua vain jäädä tänne , koska kukaanhan ei varsinaisesti ole lähtöisin täältä. Kaikki ovat saapuneet tänne jostain muualta ja kaikilla on myös tietoisuus siitä tallella, jossain.

Ilman tietoisuutta et taas voi puhdistua ja ilman puhdistautumista jää jäljelle vain himo ja kadotus.

Tuho, teurastus, uhrautuminen tai kärsimys ovat loppujen lopuksi vain eri teitä samaan päämäärään. Ilman tietoisuutta ei kuitenkaan ole olemassa yhtäkään tietä..

 Samassa päivittäin toistuva rummutus pysäytti Dr:n.

-En huomannutkaan ajan kulua, hän hymyili itsekseen. -Aluksi tuo rummutus ehkä häiritsi vähän, mutta nykyään sillä on samanlainen vaikutus kuin nyt vaikka entisaikojen kirkonkelloilla, eli niihin totuttuaan ei yksinkertaisesti mikään.

Sister Ann

"..kaupunkiin yhteenkään en jää

maailman ollessa kotini.

En tarvitse yhtäkään,

kun mulla on muistoni.."

Sister Ann katseli ympärilleen Back to memory lanen alkaessa hiljalleen soida mielessä. Täällä taas ja jälleen kerran.

"Näyttää just iha yhtä pimeeltä ku ennenkin" Sister kelaili kävellessään vanhoille bussipysäkeille aseman toiselle puolen. Ei tosiaankaan näyttänyt muuttuneen mitenkään, kaupunki näkyi edelleenkin elävän jonkinlaista jatkuvaa parantolan pikkujoulut-viikonloppua. Suburbiaan ei mennyt enää busseja, takseista nyt puhumattakaan. Se oli vanha vitsi..

Sister Ann kiroili itsekseen. Texasin tai LaaLeen kulmilla ei olisi vielä ketään, edessä olisi vaan liian pitkä kävelymatka Suburbiaan jos teki mieli löytää Dr ja muu jengi.

"Vitun Dr. Parempi olla jotain tosi tärkeetä et tänne viittii enää tulla. Ja mitä se luulee mun tekevän sillä runovihollaan, jonka oli tunkenut kirjeensä mukaan ? Ois se edes voinut tulla vastaan.." Sister kelaili marssiessaan kohti Suburbiaa tuttujen maisemien tuodessa vanhoja mieleen.

"..Artsi asu ennen tuolla, vieläköhän sillä on sama meno ? Vittu niitä aikoja..   .ei helvetti ! Mähän joudun tätä kautta kulkemaan Paksu-Harryn mestan ohi ?" Sister alkoi jo vaistomaisesti nopeuttamaan askeleitaan. "Oli sekin, onkohan sekään muuttunut mihinkään, silläkin olis ollu kaikki ovet auki vaikka mihin, mutkun ei. Piti vaan alkaa syömään koko ajan ja niin paljon, ettei se enää olis mahtunutkaan niistä ovista. Laaleessa tuli vietettyy ihan liikaa aikaa.. .ja suklaata.. .mitenköhän Maria ?"

Talo kadun päässä hautausmaan vasemmalla puolella alkoi jo hahmottua erottuen hämärästi, näyttäen kauempaa katsoen lähinnä jonkinlaiselta majakalta. "Paitsi että ykskään laiva ei kyllä suunnistaisi noita valoja kohti" Sister naureskeli jo äskeiselle hermoilulleen.

”Se ei kauaa kestä kun mä harpon tosta suoraan ohi, oli se sitten kämpällään tai ei. Ja vaikka sitten oliskin, niin tuskinpa se enää tuntiskaan mua.” Sister jatkoi kulkuaan eteenpäin.

-

Harry otti taas uuden kourallisen perunalastuja levyä kuunnellessaan sohvalla maaten. ”Manteli on jumala, se on varmaa. Ainoo, joka tajuu mua.” Harri mietti uuden kappaleen alkaessa. ”Toi uus suklaakin on hyvää ja kyllä mä sen vielä tänään hoidankin, mut Manteli on silti parempaa.” Harry jatkoi levyn kuuntelua.

”Harry talossaan

hautausmaa seuranaan,

maaten yksin

tai ollen vaan.

Kuunnellen vain

omaa jumalaa..”

Kaikki tuntui olevan hyvää, iltapalaa oli riittävästi ja aina välillä voi kuunnella taas jumalaa, siis Mantelia. Mitä tässä vois enää tarvita ? Niin no, noi verhot vois tietty jo sulkee.

Harry vaappui ikkunan ääreen ja oli tarttumassa verhoihin kun hahmo kadulla pysäytti hänen ojennetun kätensä.

”Toihan näyttää ihan..   .ei voi olla ? ..on se ! Ei ! Ei kai se oo tulossa tänne ? Harry kauhistui ja vetäisi verhot nopeasti ikkunan eteen.”Mitä se tääl tekee ? Haluuks se mun safkat taas vai ?

Missä se ase oli ? Jos se yrittää tänne niin mä lataan oven läpi ! Keittiö, siellä se oli..”

Harry ryntäsi keittiöön ja palasi eteiseen pistooli kädessä. Hetken turhaan odoteltuaan ovikellon soimista Paksu-Harry huomasi tarkastelevansa itseään eteisen peilistä.

”Mä muistan kun me molemmat katottiin tosta peilistä, nyt toi katala lasi ei näytä edes mua kokonaan.” Harry muisti suklaan taas. ”Mä haen sen tähän, kyllä mä ehdin ja kun ovikello soi mä annan mennä. Se oli kyllä se, luulee tietysti että mä en muista..   .se suklaa..”

Sister mietti kävellessään Paksu-Harryn talon ohi. "Kandeis vissiin mennä suoraan Jadelle ja Mikelle, josko ne tarjois yöpaikan. Hassuu, ihan hetken näytti ku tuol ikkunas ois ollu joku ?"

-

Jade poltti antaumuksella viimeistä edeltävää röökiään makuuhuoneessa kiroillen Mikeä olohuoneessa. "Siellä se löhöö taas jonkun alaikäisen kanssa elosteltuaan puoli yötä ja päivää sen kanssa. Ja oli meidän juttu mikä tahansa niin mulla ei kyllä ois pokkaa. Jos jokin on ohi, niin se on ohi vasta kun mä sanon !" Jade mietti katsellen ikkunasta.

"Maria vois kyllä tulla jo ja tuoda sitä röökii, nää loppuu ihan justiin" Väsynyt nauru olohuoneesta keskeytti Jaden ajatukset.

"Kyllä sitä vielä naurattaa, mut katotaan sitten ruuan jälkeen ja sit kun toi ritsa on kadonnut. Mä teen meille semmoiset keitokset että..   .oikeen viimesen ehtoollisen." hän hymyili kiroillen uudestaan. "Tulis vaan nyt se Maria jo.."

"Jade ja Mikke alastomina,
 löytyneinä kuolleina.
 Itsensä/toisensa tappaneina
 jo aikansa odottaneina.."

Ovikello soi viimein ja Jade ryntäsi ovelle avaamaan, se ois varmaan Maria. Oven avattuaan hän pysähtyi hölmönä, ovella seisoikin Sister Ann, ei Maria.
"Moi, pääsenks mä sisään ?"
"Onks sul röökii ?" Jade vastasi palaten takaisin tilanteeseen.
Jade katseli ystävällisen arvostelevasti Sister Annia tämän aukoessa kenkiään eteisen lattialla.

-Sua ei oo näkynyt taas vähään aikaan ?

-On ollut kaikenlaista, Dr mut itseasiassa tänne sai nytkin tulemaan. Tai paremminkin sen kirje. Se koskee teitäkin.., Sister vastasi nauhojen seasta.

-Onks tuolla olohuoneessa tapahtunut jotain vai miks toi vesiämpäri on tuol oven päällä heilumassa ?

Ovikello soi taas.

-Joo, oota nyt vähän. Mä näytän sulle kohta sen, toi on varmaan Maria. Turha kysyy kai sä Marian muistat ?

Maria. Tottakai muistan, Sister mietti. Meillä oli joskus jotain.. Niissä runoissaki, mitkä Dr oli lähettäny myös Maria oli mainittu, pariinkin kertaan.

”..Maria valvoo useimmat yöt,

rukoillen vain kuuta.

Luullen olevansa ok

vaikka kuollut jo on, ei enää muuta.”

Maria astui sisään ja naurahti Sister Annin nähdessään.

-Ai säki oot täällä, ootsä muuttanut tänne takaisin, vai ?

-En todellakaan, Sister vastas. –Mun pitäis löytää Dr, et ois sattunu näkemään ?

Jade sytytti uuden röökin ja meni nostamaan vesiämpärin pois olohuoneen oven päältä.

-No niin, kyllähän te tytöt varmaan jo haluatte nähdä Mikenkin. Täällä se on harrastuksensa parissa, tulkaa katsomaan.

Jade avasi oven työntäen Mariaa ja Sisteriä edellään olohuoneeseen. Keskellä lattiaa oli kaksi patjaa, Mikke ja joku todella nuoren näköinen tyttö nukkuivat toisella niistä.

-Siat ! Ylös siitä ! Jade karjaisi ja potkaisi nukkuvaa Mikeä. –Pedofiili ! Huoripukki ! Ylös tervehtimään vieraita !

Mikke avasi silmänsä, katsoi hetken hölmönä Sisteriä ja Mariaa, jotka yrittivät pitää pokeri-ilmettä parhaansa mukaan.

-Kato helvetti ? No moi moi, katellaan vähä myöhemmin. Jade hei venaa vähän !

Mikke vetäisi hakaristillä koristellut kalsarinsa ylleen ja lähti nopeasti Jaden perään.

\-

Kukaan ei tasan tahtois herätä Suburbiassa, enkä myöskään mä, Sister mietti keittiössä itsekseen röökiä vetäen. Aika oli kulunut valtaosin jutellessa ja Maria oli ruvennut nukkumaan heti kun kerran oli alkanut hämärtää. Jade ja Mike olivat edelleen makuuhuoneessa ja se nuori tyttö oli häipynyt ilmeisesti heti herättyään, kukaan ei ollut kiinnittänyt huomiota

Dr. ja porukat ei ilmeisesti olisi tulossa tänne enää tänään, oli siis ilmeisesti lähdettävä hakemaan niitä Texasista. Vaihtoehtona se oli melkein yhtä huono kuin yökylä Suburbiassa.

Näkymä keittiön ikkunasta ei ollut millään tapaa toiveikas. Pelkkä laakso, joka oli täytetty harmahtavilla vuokrakerrostaloilla ja muutamilla, joidenkin tietämättömien joskus rakennuttamilla omakotitaloilla, osa vielä ehjiä ja suurin osa taas ei.

Se palo oli tehnyt pahaa jälkeä kaikkialla..

Näkymässä ei kuitenkaan ollut vihaa, ainoastaan raskasta, pysähtynyttä pelkoa ja inhoa. Ensin mainittua ympäristössä, jälkimmäistä taas sen ihmisissä.

”Jos Dr. ei suvaitse ilmestyy kuvioihin viimeistään huomenna, mä lähden vetään täältä. Vittu tota kaikkee, miten mä oon voinu asuu tääl ?” Sister ihmetteli taas kerran itsekseen.

”Kaikki noi jutut..   .ehkä se oli vaan jonkinlaista venailua, tai ehkä se johtui tän paikan juomavedestä, se nyt kyllä viimestään sekottaa kenet vaan ja miten vaan ?

Ihminen kai voi tottuu melkein mihin vaan, mut kukaan ei totu Suburbiaan kahta kertaa. Kai mun pitäis tsiigaa viel niitä runoja.. .ja houkutella tytöt mukaan niinku se oli vaatinu..”

Sister Ann tumppasi röökinsä ja kaivoi vihkon esiin laukustaan.

"..ei kukaan tahtoisi joutua huomaamaan

   ja heräämään aamun maailmaan,

   et me nähtiin

   samaa unta molemmat.."

Suburbiassa vierailla oli sentään oikeus b-luokan yösijaan, koska a-luokkaa siellä ei ollut. Eli Texas sais siis odottaa huomiseen.

"Pyhän" miehen paluu

Olimme tunteneet toisemme jo yhdeksän pitkää vuotta ennenkuin hän kertoi minulle, ettei vieläkään tiennyt kuka tai mikä mina oikeastaan olen. Se tuntui hyvältä, tuntui hyvältä tietää ettei hänellä vieläkään ollut valmista käyttäytymismallia minua kohtaan.

Toisaalta, meidän kahden aikoinaan tutustuessa meitä olisi voinut pitää melkein Siamilaisina kaksosina, tai ehkä vierekkäisinä palapelin osina ja yhdessä pyöriessä siellä sun täällä tuntui monesti siltä kuin muodostaisimme jotain uutta. Aivan kuin olisi viettänyt juhlaa elämästä.

Nyt oli kuitenkin jo ystävyytemme kymmenes vuosi ja olimme sopineet tapaamisesta, vaikka tiesin kyllä ettei se tulisi olemaan pelkkä tapaaminen vain tapaamisen vuoksi. Hän halusi aineita.

Hän, pyhistä pyhin. Hän josta kaikki pitivät ja hän, jolla oli aina hymy jokaiselle. Hän, joka keskusteli sujuvasti jälleensyntymästä, spiritismistä, joogasta, parantavista voimista, mietiskelystä, uskonnoista, kaikesta mahdollisesta ja mahdottomasta. Hän, pyhistä pyhin.

Hänen halunsa ei tosin ihmetyttänyt minua, sillä olimmehan jo vuosien kuluessa ehtineet kokeilla tosiaan melkein kaikkea niin yhdessä kuin erikseen, ja erikseen sen kaiken olisikin pitänyt tapahtua koska ollessamme aina yhdessä "käytöstä" tuli jokapäiväistä, jatkuvaa. Ja koska olimme vain melkein samanlaiset, niin erojakin tietysti löytyi. Niinkuin että toinen ei aina jaksanut nauraa ilman syytä, toinen taas vastata typeriin itsestäänselvyyksiin, jotka olivat olevinaan kysymyksiä tai sitten hoitaa itseään lähes koomaan ollakseen myös samalla aaltopituudella toisen kanssa.

Ja ne aineet veivät meitä, mutta jotenkin eri tavoilla koska ulkonaisesti hänestä tuli entistä pyhempi, oikea vanha kunnon, kun taas minua alettiin pitämään jonkinlaisena outona koosteena jostain tai sitten irstaana hylkiönä.

Seuraavaksi tulivat vuoroon sitten tietenkin järjettömät riidat ja vielä typerämmät sovinnot, kuka milloinkin aloitti ja kuka sopi, sitä ei jälkeenpäin kysytty. Jotain kuitenkin ilmeisesti jäi sopimatta, koska lopulta riitoja oli aina yksi enemmän kuin sovintoja.

Eri suunnistamme huolimatta aloin saada yhä enemmän selvää eri asioiden suhteista toisiinsa ja sen myötä sellaista rauhaa, jota olin jo kauan etsinyt. Kun taas hän puhui yhä enenevissä määrin voimasta ja sen käytöstä. Vielä silloin kuitenkin kaikki nuo asiat tuntuivat vain uusilta ja oudoilta, hienoilta ja täydentäviltä asioilta kummassakin.

Lopulta kaikki sitten halkesi ja syntyi jotain uutta, joka erotti meidät. Missään ei siltikään ollut enää surullista tai ei, koska itse elämä ei tosiaan ollut enää samanlaista, vaan oli jo alkanut tuntua jotenkin pakolliselta. Todellisuus ei muuttunutkaan samassa tahdissa kuin tajunta, eikä enää edes lopulta kadonnut niinkuin rahat kyllä. Me kyllä muutuimme molemmat, mutta erilailla ja erilaisiksi. Se ei ollut enää samaa eikä siten niin muodoin mahdollistakaan. Ja vasta tuon hullun koiran lopulta lähdettyä luotani löysin rauhan.

Dr. oli siis matkalla kaupunkiin luokseni. Hän halusi aineita.

Silmäkonjakkia

"Muista silmäkonjakki Himossa" hän luki tyttärensä kirjoittaman paperilapun uudestaan vielä kertaalleen kävellessään, pysähtyi ja katsoi eteenpäin.

-Siinä se baari nyt on, Huijarin himo.

Hän tiesi melko varmasti järjestävänsä paikallisille hyvät naurut, mutta hänen täytyi silti saada tietää. Tai ainakin edes yrittää. Ja onnistuessaan tämä voisi ehkä auttaa ymmärtämään tyttären juttuja muutenkin, se kun ei ole ollut niitä helposti luettavia koskaan eikä etenkään viime aikoina.

"Must on ehkä vaan kivaa olla turmeltunu" hän tuhahteli itselleen tyttärensä vastausta kysymykseen miksi tämän täytyi olla tuollainen. Hän halusi totuutta, tai tosiasiassa hän halusi vain tietää. Tietää minkälaisia aivoituksia tyttären päässä varsinaisesti liikkui, ei ymmärtääkseen vaan käyttääkseen niitä aseina tätä vastaan tulevissa erimielisyyksissä.

Tietysti asiaan saattoi ehkä vaikuttaa pienoinen ja tiedostamaton kateus nuoruuden sinisilmäisyydelle, mutta hän selitti asian toisin itselleen.

-Niiden hommissa tai suunnitelmissa ei vaan ollut sijaa totuudelle, siis tytön ja sen ääliöpoikaystävän. Ei alkuunkaan.

-Se tyttö on muuttunut oudommaksi koko ajan eikä kerro enää sitäkään vähää mitä ennen, hän sadatteli itsekseen ja astui sisään baariin.

-Alaikäinenkin vielä ja konjakkia pitäisi saada. Mikä helvetinmerkki sekin "silmäkonjakki" muka nyt oli ? Kuitenkin, paukku tai pari sitä saattaisi selventää asiaa ja jos ei niin tytär saattaisi hädissään paljastaa koko jutun kuultuaan äidin olleen vähän "silmiksellä" Himossa..

Baari ei tietenkään ollut semmoinen kuin hän oli odottanut, se oli pettymys. Jotenkin hän oli luonut kuvan mielessään paikasta, missä yksinhuoltajaäitien ääliöpojat murjottaisivat luisut hartiat kyyryssä samalla kun heidän alaikäiset tyttöystävänsä yrittäisivät ymmärtää näitä suuria taiteilijoita. Ei. Se oli aivan tavallinen baari.

Hän katseli hitaasti ympärilleen.

Yhdessä pöydässä istui vanha pariskunta, toisessa taas joukko miehiä ja sivupöydässä piti majaa kolme nunnaa tai muslimia ? Hän suuntasi baarimikon luokse tiskille.

-Josko teillä olisi silmäkonjakkia ? Tuplana kiitos.

-Viimeinen pullo sitä löytyy tuolta nunnien pöydästä, baarimikko ohjeisti kääntymättä pöytää kohti.

-Kysykää sieltä jos heiltä löytyisi teille lasillinen ? Baarimikko neuvoi ja ojensi hänelle tyhjän konjakkilasin edelleenkään kääntymättä.

Hän katsoi uudestaan naisten pöytään ja käveli heidän luokseen baarimikon antama lasi kädessään. Eivät ne mitään nunnia olleet, mutta moni menisi kyllä lankaan ensisilmäyksellä. Kaavut ehkä tekivät sen vaikutuksen ? Ehkä..

-Anteeksi rouvat tai siskot, mutta tulin tänne juomaan lasillisen silmäkonjakkia ja baarimikko juuri kertoi minulle että viimeinen pullo löytyy teidän pöydästänne. Olisiko mitenkään mahdollista jos voisin vaikka ostaa sitä lasillisen teiltä ?

Naiset katsoivat häntä kevyesti hymyillen.

-Emme rupea myymään juomaamme, mutta totta kai voimme kaataa siitä lasillisen teillekin. Käykää pöytään vain.

-Kiitos kiitos. Oletteko tekin täällä poikkeamassa vai käyttekö täällä useinkin ? Hän kysyi lasiaan ojentaen samalla tuoliin istuutuen

-Me käymme täällä aina silloin tällöin, kun asiat sitä meiltä vaativat. Tässä lasinne olkaa hyvä.

-Kiitos taas. Minä taidankin maistaa vähän samantien..

Hän tutkaili juomaa hetken lasissa. "Konjakin väri kyllä, tuoksu kyllä.. .entäs maku ?" Hän maistoi reilusti ollakseen ystävällinen ja ehti huomata silmäkonjakin normaalia pehmeämmän maun ennen kuin.. .TILT.

-

"..maanpäällisenä henkenä kerron teille nyt, ettei millään ylimaallisella ole mitään vaikutusvaltaa tässä asiassa koska tämä on -ottakaa huomioon- maa."

Pälätystä oli kestänyt jo jonkun aikaa, mutta vei hetken ennen kuin hän alkoi käsittää sanoja. Hän ei tunnistanut puhujien ääniä tai niiden määrää ja mietti olisiko silmien avaaminen virhe ?

Lopulta hän kuitenkin avasi ne ja pettyi taas kerran.

Paikka ei ollut kellari, luola tai edes mikään varastotila vaan paljaan tavallisen näköinen kerrostaloasunto. Suuri huoneisto ja suuri pettymys, siellä ei ollut mitään erikoista mikä olisi selittänyt tyttären nykyistä outoutta. Ei julisteita tai seinämaalauksia, ainoastaan paljaat vaaleansiniseksi maalatut seinät. Normaaleja halpoja sohvia ja tuoleja, kaksi pöytää ja ikkunoissa vielä tietenkin sälekaihtimet..

Samassa huoneessa hänen lisäkseen oli noin kymmenkunta muuta keskenään samanlaista keskinkertaisuutta tai ihmistä "nunnat" mukaan lukien. Joukon keskellä kylläkin seisoi varsin selkeästi muista erottuva hahmo, joka ei kuitenkaan näyttänyt siltä "perinteiseltä" ja tilanteeseen sopivalta puolipartaiselta pitkätukalta jota saattoi yleensä tavata brändintekijöiden vallankumousromantiikkaa pursuavissa tarinoissa.

Itse asiassa hän näytti niin mitättömän siistiltä, että hän olisi voinut hyvin olla jonkun suurfirman arkinen myyntikonsultti.

Tumma puku ja vaalea paita, siistit kengät. Niinhän se aina menee.. Lyhyet hiukset jakauksella ja suuret vihertävät silmät, joista oli vaikea yrittää lukea yhtään mitään. Ja muut läsnäolijat näyttivät hekin aivan yhtä arkisilta (nunnia lukuunottamatta), eivätkä miltään manson-familyltä..

Puhe keskeytti hänen analyysinsä:

-Koska olet jo luokittelemassa meitä mielessäsi, nimemme olisivat sinulle merkityksettömiä juuri nyt. Kuulet ne kyllä myöhemminkin, siihen asti voit kutsua minua nimellä Dr. ja…

-Kiva. Sittenhän voinkin varmaan jo lähteä tästä ? hän ehti sanoa Dr:n jatkaessa:

-..keskeyttäminen kuuluu ehkä sinun tapoihisi, muttei meidän. Lähteminen ei onnistu juuri nyt, meillä on paljon työtä kanssasi..

-Te siis aiotte sittenkin raiskata minut joukolla vai ?! Onpa tosi miehiä, kun pitää laittaa oikein nunnat houkutuslinnuiksi, hän sähisi hampaat esillä.

-Karvainen perhonen takertuu aina epäoleellisiin asioihin eikä koskaan..

-Ja ketähän herra konsultti mahtaa kutsua "karvaiseksi perhoseksi" ? Minä en..

-.koskaan mihinkään oleelliseen tekopyhän ylpeytensä tähden, vai kuulitko edes puheestani muuta kuin nuo kaksi sanaa ?

-Minun maailmassani ainakin kunnioitetaan..

-Sinun maailmassasi ei ole mitään sinun luomaasi, joten miksi kutsut sitä määreellä "sinun" ? Arvot, puheenaiheet, kuinka ajatella ja pukeutua.. .kaikki ne ovat "sinun" naurettavan maailmasi valmiiksi luomia ontuvia roolimalleja ja te pidätte niitä vielä kaikenlisäksi "omina" valintoinanne, joten kuinka voit puhua mitään jostain kunnioituksesta ? Sinun maailmallesi te olette ainoastaan erihintaisia päänsärkyjä !

-Minä en ole.. .minunkaltaiseni naisen ei täydy kuunnella tuollaista rienausta, minä..

-"Sinunkaltaisesi ?" Dr. keskeytti ahneesti.

-Olet ehkä oikeassa, mutta kerropa minkäkaltaisten naisten sitten muka täytyisi kuunnella "tällaista". Enpä arvannutkaan että pidät itseäsi niin paljon muita naisia parempana ? Kuulostaa ihan ylpeydeltä ja sehän on sentään kuolemansynti, hmm..

-Minä en..

  Dr ei jäänyt enää odottamaan vastausta vaan otti reilun kulauksen silmäkonjakkia sitä kuitenkaan nielemättä, vaan pitäen sen suussaan ja tarttui häneen aloittaen pitkän suudelman. Hän maistoi konjakin taas dr:n hitaasti valuttaessa juomaa hänen suuhunsa suudelman yhä jatkuessa. Kaikki heidän ympärillään alkoi jotenkin pyöriä ja.. .TILT.

-

- ..pyyteettömyys ja hyvyys ovat tie muutokseen, joka on mahdollinen kaikille. Murhaajankin pitäisi..

-Roskaa !

  Väittely jatkui ja jatkui, ties monettako päivää tai yötä jo Välillä se tuntui jatkuvan unissakin.. Hän ei enää tiennyt mitä oli tapahtunut tai tapahtumassa tai oliko enää alkua tai loppua ?

-..itsetarkoitus ja teeskentely eivät milloinkaan ole liitettävissä hyvyyteen ! Myös minä olen tehnyt hyvää, mutten pyyteettömästi. Olen ollut valikoivasti hyvä niille, jotka taas ovat olleet hyviä minulle. Kyse on ollut pelkästään ja ainoastaan vastavuoroisuudesta ! Ja jos sinun hyvyytesi olisi todella pyyteetöntä, niin kuinka ihmeessä sitten voit ylpeillä tiesi paremmuudella ?

-Sinä joka et itsesi tai toisten vuoksi, vaan ainoastaan itsetarkoituksena teet..

 Aina Dr:n "antaessa" hänelle silmäkonjakkia suustasuuhun-menetelmällä hän tunsi pyörimisen alkavan. Se tuntui kiihtyvältä ja hyvältä, muttei kuitenkaan enää sekoittavalta.

Aivan kuin olisi tapahtumien keskipisteessä olematta itse se piste, läsnäoloa ja kaiken todella vapaasti tuntemista. Hän oli alkanut pitää siitä tunteesta. Tilt.

-Kaikki on vain, jos sen haluaa olevan ja kokonaisvaltaisesti tähän pystyy ihminen, joka on päästänyt (tai ajanut) tuon vaalean itserakkauden demonin pois, jota myös persoonaksi kutsutaan. Ihminen, joka on persoonaton (yleisessä mielessä) on myös persoonaton hyvyys ja tämä..

-Suutele mua taas, oi konsultti. Hän huokaisi.

Dr tarttui pulloon hymyillen.

Pyörimisen taas alkaessa voimistua hän tunsi, siis todella tunsi kuinka hänen hiuksensa sekoittuivat, meikit kasvoilta pyyhkiytyivät kevyesti pois ja tämä antoi puhtaan tunteen luonnollisuudesta mikä taas tuntui hyvältä ja se oli sinänsä ainutlaatuinen tunne näin luonnottomassa kaupungissa..

 Ajan kuluessa hän tunsi ymmärtävänsä enemmän ja paremmin. Oli itseasiassa ollut typerää väittää koko ajan vastaan ja puolustaa toisilta ulkoaopeteltuja mielipiteitä pelkän oman ylpeyden tähden.

Viisauden ensi asteita on, että on valmis muuttamaan kantaansa huomatessaan olleensa väärässä. Jos pitää kiinni omasta ylpeydestään ei voi koskaan oppia mitään uutta. Hän tunsi oppineensa niin paljon uutta täälläoloaikanaan. Ennenkaikkea hän tiesi ja tunsi varmasti, että tämä asia oli SE.

-

Taas baarissa istuen ja odottaen, mutta erotuksena tällä kertaa tietäen mitä seuraavaksi tapahtuisi. Jaden ja Marian puhuessa keskenään hänellä oli taas hetki aikaa miettiä omia kuvioitaan, ennen kuin olisi töiden aika taas.

-Päällisin puolin kaikki hommat olivat selviä: Koti ja äijä saisivat tulla toimeen ilman häntä, hän ei tarvinnut enää mitään sieltä. Sit oli se yks vielä, niin no ei se hutsu ollu.. .tytär kuitenkin. Täytyykin kiittää sitä jos tulee vielä joskus törmättyä siihen, se on jo tarpeeksi vanha pärjätäkseen omillaan arpensa kanssa.

-Ja äijänkahju. Nythän se saa elää rauhassa sitä rockin roll-unelmaansa. Säälittävä nuija. Mitähän rockia sekin muka on, että pukeutuu toisten luoman tyylin mukaisesti korostaakseen "yksilöllisyyttään" ? Ja kaikki muut sen nuijakaverit näyttää tasan yhtä "yksilölliseltä" kuin se itse.. Sitähän se äijäpaha ei voi käsittää ja juuri siksi se on ääliö. Konsultti oli ollut oikeassa.

-Maailmassa on paljon tärkeämpiäkin juttuja kuin kokata jollekin toisten elämää elävälle äijälle. Kokatkoon ite..

-Oli nimittäin varma vihje siitä, että pian joku tulisi taas kyselemään silmäkonjakkia..

LaaLee-housen talonkirjat

Mikä yleensä varsinaisesti tekee jostain rakennuksesta tai vaikka ostoskeskuksesta erikoisen rakennuksia jo valmiiksi täynnä olevassa kaupungissa ? Toisista paikoista pyrittiin luomaan sellaisia ääliömainonnalla, aivan kuin nyt ketään voisi toistuvalla aivopesullakaan saada uskomaan jotain ihmisten olohuone-soopaa.

Vai kuka muka ajatteleva persoona esimerkiksi osataisi itselleen istumapaikan kahvikupin hinnalla omassa olohuoneessaan ?

Tai ehkä se juuri olikin se juju. Paikka haluttiinkin täyteen ei-ajattelevia asiakkaita, jotka varmastikin kuluttaisivat enemmän kuin ajattelevat ?

Mutta monet juuri siihen suunnitellut paikat eivät silti yksinkertaisesti toimineet, kun taas toisista paikoista kuten vaikka LaaLee-house ja Texas tulee sellaisia edes suuremmin yrittämättä.

Pelkistettynä, samaahan tapahtuu myös ihmisten kanssa, toiset yrittää eikä onnistu kuin ehkä hetkeksi ja toiset taas on jatkuvasti esillä kuin luonnostaan.

Mutta takaisin rakennuksiin. Näiden kahden edellämainitun vertailussa LaaLee oli kuin nilkkoihin asti ulottuvaan kaapuun pukeutunut tupakoiva vahvasti meikattu nainen ja Texasilla taas oli sama kaapu mutta avoimena vyön jäätyä johonkin makuuhuoneeseen ja kasvoillaan eilisen valvotut meikit.

Valinta riippui tietenkin aina lopulta jokaisen omista mieltymyksistä kumman hän päätyi valitsemaan, mutta nolemmat olivat persoonallisia ja persoonallisuuksistahan yleensä joko pidetään tai sitten ei.

Ainakaan ne eivät olleet mitään kylmiä ja persoonattomia pystyynpantuja teollisuushuoria, jotka vain hokivat hommien ajan konemaisesti "ai ai" ja jos käänsit ne vatsalleen niin ne jatkoivat vain "ia ia".

LaaLeen eikä Texasin ei vain tarvinnut hokea yhtään mitään.

Tai ehkä ratkaisu löytyikin siitä, että jos yrität miellyttää kaikkia niin loppujen lopuksi et miellytäkään ketään. LaaLee-house ei yrittänyt tehdä itseään mitenkään tykötunnetuksi, koska sen ei vain pärjätäkseen tarvinnut, eikä sen puoleen Texasinkaan..

Toinen mysteeri taas oli se, että monestihan samantyyliset ihmiset keskittyvät samoille alueille, kaduille ja samoihin rakennuksiinkin. Mutta LaaLeestä tottakai löytyi kaikkia mahdollisia (ja mahdottomia) eri ihmis- ja lajityyppejä enemmän kuin jakomielitautisen mielestä ja he olivat valinneet omat kerroksensa kukin ehkä tyylinsä tai minkä ikinä tahansa mukaan.

Talosta löytyi esimerkiksi säälittävä paksu-Harry kakkoskerroksesta kaltaisineen, sekopää Nilkki kolmosesta muine kahjuineen ja silmis-Maria nelosesta naapufiflegmaatikkoineen ja vielä monia muita huonolaatuisia persoonallisuuksia..

Tosiaan, vaikka monissa yhteyksissä usein väitetään ihmisten luovan talon hengen ja ilmapiirin, niin LaaLee oli tottakai tässäkin selkeä poikkeus näihin amatööreihin verrattuna. LaaLee näytti itse luoneen oman ilmapiirinsä asukkaista tai heidän mielipiteistään pisaraakaan välittämättä.

Se koko rakennut ominaisuuksineen oli valmiiksi elävä mysteeri jo ennen onnettomuutta ollen sitä vielä nykyäänkin (ja joskus enemmänkin) aina nimestään alkaen, mikä ei suinkaan johtunut rakennuksen sijainnista nykyisen asiamarketin läheisyydessä kuten monet tietämättömät näyttivät luulevan. LaaLeessa ei ollut mitään aasialaista vanhentuneita pikanuudeleita lukuunottamatta.

Talon nimen tarina oli sinänsä kertomisen arvoinen ja oli saanut alkunsa rakennuksen katutasoon ilmestyneestä karkkikaupasta, jonka seksuaalisesti liian viaton omistajatar Leena halusi nimetä paikan itsensä mukaan ja ilman kummempia taka-ajatuksia hän antoi paikalle nimeksi "suklaa-Leena". Hän taisi olla ainut.

Leena oli perushyväntuulinen ja hyväntahtoinen kiharatukkainen nainen joka klassisessa pyöreydessään oli täydellinen karkkikaupan omistajaksi ja oman perheen puuttuessa hän sai myös toteuttaa äidillistä hoivausviettiään töidensä kautta. Monet ihmiset ottivat hänen hänen viattomuutensa naiviutena, mutta Leena ei antanut sen haitata itseään. Hän tiesi missä mentiin.

Ja niin näyttivät tietävän myös kaupan kautta monesti ohikulkevat miehet, jotka pelkkä liikkeennimi sai päivittäin hymyilemään ja tuhlaamaan rahojaan Leenan kauppaan.

Vastavuoroisesti alueen naispuolisia tämä taas ei tietenkään miellyttänyt ollenkaan ja pian he alkoivatkin vaahtoamaan jostain ikiaikaisesta naisten alistamisesta tai vastaavasta yrittäen käännyttää Leenaa joko sulkemaan kauppansa tai ainakin muuttamaan liikeen nimen toiseksi, joksikin "siveämmäksi".

Se olisi kuulemma voinut toimia sopivana anteeksipyyntönä tästä "irstaudesta" yhteisölle (eli heille) mutta Leena kieltäytyi tästä kohteliaasti. Hän myi makeisia ja suklaata ja jos joku koki sen irstaana niin sen henkilön tässä pitäisi pyydellä anteeksi omaa umpipimeää mieltään !

Naisten tietämättä miksi Leena oli lopettanut entisessä työpaikassaan oli juuri se, että hän oli enemmän kuin kyllästynyt loputtomiin ja turhiin anteeksipyyntöihin.

Entisessä paikassaan take away-hellissä hän joutui aina pyytelemään anteeksi milloin mitäkin kömmähdystä, vaikka ei olisi niitä edes itse aiheuttanutkaan. Milloin kylmää tai raakaa, liian pientä tai suurta..

-Sä olet niin hyvä pyytämään anteeksi, päällikö aina perusteli lähettäessään Leenan taas kerran anteeksipyytämään jotain.

Leena teki kuten käskettiin ja aina salaa livautti palautetut annokset Take awayn edessä pörräävälle ystävälleen, joka olisi varmastikin kuollut nälkään ilman Leenan apua..

Ystävä oli vanha sekopää mutta harmiton sellainen ja tunnettiin nimellä hiuksistavetäjä, tai pelkkä vetäjä. Jostain ihme syystä hän kulki ympäriinsä huomiota hakien puristaen samalla otsahiuksiaan tupsuksi eteensä vasemmalla kädellään.

Toisaalta se vaikutti vanhanaikaiselta huomionhaku-äitikompleksilta, toisaalta taas myös vanhalta "any publicity is good publicity" termin toteutukselta. Kummin vain..

Joten useimmiten aina kenen tahansa naispuolisen vastaantulijan kohdatessaan sama kuvio toistui pakonomaisena rituaalina. Hän pysähtyi, niiasi ja lopuksi kumarsi tupsua koko ajan edessä pitäen ja samalla korkealta kiljaisten: Vedä tästä, pliiz !

Ja naiset tottakai poikkeuksetta pyrkivät ohittamaan itseään hiuksista vetävän vanhan sekopään. Kuvio toistui lähes aina samana: Hiuksistavetäjä kadulla jalat harallaan tupsu pystyssä, aukipommitettu suu vinossa hymyssä ja pakenevia naisia pelosta tai inhosta tai molemmista kiljuen..

Leena seurasi tätä sisältä melkein päivittäin alkaen tuntea sääliä vanhaa vetäjää kohtaan ja pyrkien ruokkimaan tätä aina kun se vain mahdollista oli.

Ja eräänä klassisena maanantai-aamuna pahoitellessaan taas juuri palautettua annosta asiakkaalle, Leenan vieteri sitten lopulta katkesi. Asiakas oli juuri alkamassa uskoa hänen pahoitteluihinsa ja Leena mietti jo siirtävänsä annoksen taas kerran hiuksistavetäjälle ulkona, kun päällikkö karjaisi hänelle yllättäen tiskin takaa:

-Hei nielupaise, käy samalla ajamassa toi spurgu pois tuolta pihalta. Ei paljon herätä muuta kuin inhohimoo..

Leenan tilannetaju pysähtyi siihen, hän riisui esiliinansa ja käveli ulos kadulle hiuksistavetäjän luo päättäen samalla anteeksipyyntöjen lopultakin loppuneen. Ei siis enää, ei käskystä tai minkään muunkaan tähden.

-Tiedätsä, väliin musta tuntuu kuin mun elämä ois jokaisen perusmasokistin märkä päiväuni.. .joten vedä tästä pliiz. Leena vitsaili vetäjälle samalla ojentaessaan vielä mukanaan kantamansa annoksen tälle ja vetäjä alkoi raatelemaan sitä heti.

Ja siltä seisomalta Leena käveli suoraan LaaLeen ohi pankkiin vetäjän jäädessä ulos jatkamaan lounastaan.

Pankissakäyntiä seuraavana päivänä hän avasi lainarahoilla oman karkkikauppansa LaaLee-housen katutasoon.

Se siis oli karkkikaupan alku ja kaikki se turha tohina sen nimen ympärillä toi tottakai vain lisää asiakkaita koko ajan ja hetken aikaa tilanne oli lähestulkoon täydellinen kaikille osapuolille.

Ensiksikin Leenan kaupan kautta kulkeneet miehet saapuivat hymyssä suin kotiin suklaata/karamelleja mukanaan, toiseksi alueen naiset löysivät hyvän purkautumiskanavan omille turhautumilleen leenan kaupannimeä vastustaessaan ja kolmanneksi vielä lapset olivat enemmän kuin tyytyväisiä huomatessaan karkkipäiviensä yhtäkkiä moninkertaistuneen.

Lopulta vielä hill sistersitkin alkoivat viihtyä usein kaupassa ja sen läheisyydessä, ei minkään taktisen syyn vaan koko ryhmän kollektiivisen suklaanhimon takia.

Leenalle tämä kävi mainiosti, koska jo pelkästään heidän ostoksensa vetivät bisneksen plussalle niin lisäksi näiden pekonibeibien läsnäolo rauhoitti sopivasti ympäristöä..

 Kunnes onnettomuus tietenkin tärveli tämänkin yhtälön. Ympäristön roihutessa LaaLee kivirakennuksena kesti ehkä vähän paremmin, mutta vain vähän. Leenan kauppa taas oli tottakai kärsinyt katutasossa pahemmin.

Tulimyrsky oli polttanut ja sulattanut kaupan irtaimiston karkkeineen ja suklaineen eli kaiken. Ikkunat olivat kuumuudesta räjähtäneet ja liikkeen nimikyltin kirjaimista vain osa oli tallella muodostaen tuhkan keskelle sanan "laa Lee"..

Kirjainten mukana myös Leena itse oli kadonnut, kukaan ei tiennyt minne ? Jotkut väittivät hiuksistavetäjän kulkevan nykyään rullatuolilla, mutta siitäkään ei ollut varmuutta ja vähitellen alueen ihmiset alkoivat kutsua paikkaa LaaLee-houseksi ja sitä kautta joskus jopa chinatowniksi.

LaaLee jätti aina kaikille vähän tulkinnanvaraa ja sen ympäristössä leijui vieläkin monesti tuoksu, joka muistutti kuin vainoavaa odotusta tai ehkä vielä paremmin palanutta suklaata..

-

Kirjeenvaihtoa ex-neitsyen kanssa

Mä en enää jaxa skriivat paljoo ku mun pitää ruveta siivoo mun huonetta, vaikka mitä järkee siin o ku se on kohta taas iha sekasi. Mä oon semmone persoona, et mulla pitää olla KAIKKI sekasin.

Lykkää huomiseksi päiväks lykätyt työt. Hei, mitenkäs ois jos mä menisin kouluun eli kato faija yrittää saada mua sinne, mut en varmaan mee ku mä oon jo tarpeex sivistynyt ihminen häh hää. Huono puoli et sit ei oo kesälomaa, mut pääseehän sitä aina muutenki irrottautuu elämästä..

Mä oon ny tääl ja sä kohta taas Texasissa. *"Minä olin mustikassa ja sinä kakolassa.."* Sika tuol lauleskelee jotai. Ny se lakasee lattiaa, hauskan näköstä usot sie ? Ja ny se juo viinaa. Sika kännissä, Sika sikakännissä !
Joku hakkaa tuol. Ei oo sika eikä hakkaa puita, vaan seinää. Yrittää tappaa mut, ääh. Jollain on hikka. MITÄ! Joojoo, joku hikottelee tuol.

Nyt sit yritin koodaa sulle justiin. Mä en voinu sille mitään et itku olis tullu jos olisin kuullu sun äänes. Mulla on nii saatanan ikävä sua. Mä meen kai sinne steissille muistelemaan niitä meidän tapaamisia ja eroamisia, tai sit sinne puistonpenkille ja kuvittelen et säki oisit siinä.. Mulle tuli mieleen se biisi mitä sä lauloit mulle.

Että mua pelottaa se rahajuttu, faija aikoo tarkistaa sen maanantaina. Vittu sä et kyllä saa joutuu vaikeuksiin, siis mä en todellakaan haluu et sä joudut turhaan kärsimään. Siis mulla on nykyisin tullu semmone tunne, et jotkut ihmiset on meitä vastaan et me ollaan yhdessä.

JA VITTU MÄ TUUN HULLUX JOS ME EI NÄHDÄ TAAS PIAN!

-

Sika oli raju tyyppi lauantaina, voi vittu mä nauroin. Ja taas se tarjos mulle niit perkeleen rusinoita, mä huusin ku syötävä et en ota ku en tykkää niistä. Ja Sika vaan naureskeli. Sit siltä oli housut hävinny, siis päällimmäiset.

Tiäxä yhteen aikaan mua ei huvittanu ollenkaan nähdä sua. Siis tuntu et mä varmaan tekisin itsarin jos sä olisit tullu tänne, vittu mä en vaan tajuu ? Sillo samoihin aikoihin tuli kans semmone tunne et mä jätän sut tai jotai. Iha ihmeellistä ! Ei mulla enää oo tollasii tunteit onnex. Mut jos kuiteski tulee viel..

Mä tuun sun luo sit viikonloppuna ku mä haluun nähdä sut taas ja mä haluun.. .y'know. Ajattele- 4 päivää ja yötä ja mitä sillo tehdään ? Ja jos aikaa riittää niin mä voin hoitaa ne sun rastat taas kuntoon.. Todella mahtavaa, mä en jaxa odottaa sitä. Mä jätän jonkun hämäyslapun mutsin löydettäväksi, nii se ei tajuu etsiä mua sieltä..

Mä hankin kyl itselleni oikeen kunnon kuvan Monroesta ja juttelen sille ku mul o jotai huolii. Ei mut iha totta mä näin sillo ku sulla se liikku ja otti mua kädestä. Joku vois luulla mua hullux, mut sähän tiedät.

 Meil oli mutsin kans tänään tappelu. Se sano et mut pitäis viedä hoitoon, et mun silmät on ku hullulla. Mä vaan mietin koko ajan sua et kuinka ihanaa ois ny nussii sun kans. Mä oon kauheus puuttees, mut kaikkein mieluiten mä haluaisin vaan olla sun kanssa.

Ei musta elämä oo niin kauheata nykyisin jos on karannu himasta.

Mutsi sano taas sua narkix, et sä oot joku pilleristi..

Vittu mä en kestä faijaa, tulee vetää peittoja ku mä viel nukun ja sit kyyläilee mua. Faija on hullu ja mutsi huora.

Jos mä näkisin nyt niitä käärmeitä ja mustia äijiä ni mä tappaisin itseni, tai sit mä vaan itkisin itsekseni jossain nurkassa.

Ois mahtavaa käydä sun kans suihkussa huomenna. Mä oon pelänny iha helvetisti viime aikoina, nytteki.

Sä et voi tajuta kuinka surullinen mä oon sen takii et sun piti lähtee. Mua ei naurata mikään.

"Ulkona, pihalla. Ei multa. Mä en uskalla sanoo mitään. Polvillaan. Kylmä.."

II

Koirantappaja

Nilkki heräsi olohuoneen lattialle levitetyiltä patjoilta, punertava radio oli jäänyt yöksi auki ja nyt sieltä tuli taas tota saatanan inhomusaa. "Soittakaa Bobby McFerriniä, vittu ! Se on musaa !" Nilkki huusi noustessaan sulkemaan radion.

Vaaleatukkainen poika jäi nukkumaan toiselle patjalle Nilkin siirtyessä keittiöön. Poika oli ollut paikalla aina siitä lähtien, kun Nilkin tyttöystävän vanhemmat olivat hakeneet tyttärensä pois siellä tapahtuneen pahoinpitelyn jälkeen.

"Mukava tyttö.. .varmaan monenkin mielestä", Nilkki myhäili itsekseen.

"Mä hoidin sen hyvin, sen mä totta tosiaan tein. Se aloitti, se ite ite hermostutti mua, vittu ! Niinku noi kaikki muutkin, mä en ymmärrä miks niitten aina pitää tehdä niin, niinku ny esmes toi vitun radio soittaa vaan tota metallia ja kaikki noi muutki pitkätukat perkele. Ei se yks kuitenkaan mitään juttuu nosta, mähän oon sen mies ! Sitäpaitsi syyttäköön vaan itseään, sehän ite hermostutti mua. Liiottelua helvetti koko vitun homma." Nilkki kirosi potkaisten samalla koiraa, joka oli vielä tähän asti maannut pöydän alla hiljaa.

"Ja toi vitun koira, joskus mä vielä hoidan senkin", Nilkki mietti happamana.

"No, eilisiltana oli sentään ollu nastaa. Penskat kaduilla sentään vielä kunnioittaa mua ja syytä onkin, mä olen kingi. Mä potkin kovaa ja olenhan mä sentään niitä useampia vuosia vanhempikin, mä olen kingi", Nilkki hehkutti itselleen kahvia juodessaan.

"Koira takas helvetti !" Nilkki karjaisi koiralle, joka oli yrittänyt hipsiä olohuoneeseen ilman lupaa ja potkaisi sitä sanojensa vahvistukseksi pari kertaa kylkeen.

"Mä en tajuu miten kaikki muka pitää tota koiraa mukavana, sehän hermostuttaa mua ! Hyvä, pysy siellä nurkassa vaan ja oo hiljaa !" Nilkki kirosi uudestaan koiran ulistessa hiljaa.

"Saatanan koira, nyt mun täytyy laittaa mun kampaus uudestaan ja se on sun syys." Nilkki puhisi ja alkoi virittää otsakiharoitaan taas kuntoon.

Toinen poika nukkui edelleen. "Ne pillerit tais olla sille vähän liian vahvoja, mut sithän sillä ei varmaan oo mitään valittamista viimeyöstä, heh heh" Nilkki naureskeli idealleen.

Fiilis alkoi pikkuhiljaa parantua ja Nilkki säätii radiota uudestaan. "Rappia.. .no joo, sekin menee joskus. Mut miks ne ei laula suomeks, kuka tota muka ymmärtää ? Toikin.. .mitä toi oikeen sanoo ?..cop killer, cop killer mitä vittuu sekin muka meinaa ? Hetkinen, killer ainaski on tappaja, mut toi cop ?"
 Koiran valitus nurkassa ratkaisi asian. "Cop ! Sehän tarkoittaa koiraa, mä tiesin ! Hmm, tappajakoira ? ..ei. Koirantappaja ! Joo, se se on !"

Nilkki ryntäsi eteiseen japalasi takaisin buutsit jaloissaan.
"Nyt loppui toi saatanan ulina, hurtta !" Nilkki nauroi alkaen potkia koiraa. Päähän, päähän, kylkeen ja taas päähän ja koko ajan kovempaa. Koira alkoi vuotaa verta, mikä sai Nilkin nauramaan kimakasti.
Yht'äkkiä koiran alle ilmestyi lätäkkö ja kesti hetken ennenkuin Nilkki tajusi, mitä se oli. "Kusta...perkele !" Nilkki raivostui hypäten tasajalkaa koiran kallon päälle. "Cop killer, cop killer" Nilkki kirkui paiskien koiraa seinästä seinään.
 "Ylös siitä, vittu ! Ylös ja ulos !" Nilkki huusi lattialla retkottavalle koiralle, ennenkuin tajusi sen kuolleen.
"Mitä vittuu ? Toi koirahan oli viel.. .ja nyt muka kuollu ? Verta ja kustakin vielä.. .kuka tän kaiken oikeen siivoo ?" Nilkki mietti.
"Mun täytyy keksii jotai muijalle, senhä toi koirakin oli.. .joo, nyt mä tiedän !"
 Vaaleatukkainen poika nukkui olohuoneessa Nilkin raahatessa koiraa pihalle ja siitä edemmäs kadulle.
"Mä sanon sille, et se oli ulkona ja.. .ja joku pitkätukka varmaan ajo sen yli. Joo, kyl se mua uskoo ja jos ei usko niin se saa katua. Tarttee kai duunaa autonjäljet vielä ni näkee sit.."
"Cop killer, cop killer !" Nilkki kirkui painaessaan kaasua.

Banzai, Texas

"Avaa" Mama karjas vanhan sotahuudon terävästi auton syöksyessä pois Suburbiasta kohti kaupungin keskustaa.

Kaikki katua reunustavat puistonpätkät ja urheilukentät (tai mitä niistä oli jäljellä) olivat varmaan joskus olleet hyvinkin kauniita ja edustavia, mutta nykyisellään ne pysyivät samanlaisina pitkälti vuodenajoista riippumatta. Siis ruskeaa, punaista, mustaa ja keltaista ja ympärivuotisesti, niin kuin jo tuli mainittua

-Outoo tuol ulkona, onks muuallakin joku jatkuva syksy ? Ruskeeta ja keltasta vaan ja..

-Nehän sä tunnetkin hyvin vai ?

-Haista sä vittu, kyl te tajuatte mitä mä tarkotan !

-Joojoo Mama, ota iisisti vaan..

-Miks meidän muuten piti yleensä lähtee tänne ?

-Pitää löytää Sister Ann ainakin, jatkoista ei sit vielä tiedä.

-Ja senkö takii me ollaan muka menossa tonne, ei vittu..

-Kamoon Mama..

Ja ihmisillä täytetty auto paahtoi kohti Texasia, paitsi että sanan ihmisiä olis voinut laittaa lainausmerkkeihin eikä Texaskaan ollut oikeasti Texas, vaan vanha herjanimi menneiltä ajoilta tutulle hardcore hotelille.

Itse porukasta sai vaikutelman levottomista ja äänekkäistä sekoilijoista, jotka olivat lähteneet taas matkalle normaalissa sekavuustilassaan.

"Meitä kasvatettiin siihen, mitä ei sit vaan tullutkaan" oli joku heittäny alkumatkasta ja kaikki oli digannu siitä. Kai se oli olevinaan muka jonkinlaista tajuamista ?

-Me ollaan siel ihan just..

-Rakastatsä sitä ?

-Kui niin ? Kyl kai, ainakin mä olen taas kokenut sellaisen fiiliksen mitä mä en muista kokeneeni vuosiin.

-Etsä noin voi sanoo eikä noin SAA sanoo ! Toi loukkaa kaikkii meit muita !

-Kyllä mun puolesta voit. Toi kuulostaa ihan hienolta jos sä tosiaan tunnet noin ?

-No joo. Eli siin kuulit Mama.

-..paskapäät..

-Me ollaan perillä ! Naisten siis..

Puolen tunnin kaasutuksen ja rähinän jälkeen auto kurvasi kadun laitaan ja porukan noustessa autosta Dr. kelas itsekseen äskeisiä rakkauspuheita.

"Mamalla ei ainakaan ole mitään varaa puhua rakkaudesta, ei kyl senpuoleen muillakaan. Tyypit on sekoilleet kuka mitäkin milloin ja kenen kanssa vaan ja silti kaikki ovat edelleenkin yli-ikäisiä sinkkuja.. .ainakin useimmiten. Sen luulisi jo kertovan jotain.. .eli se niiden kaikesta rakkaustietoisuudesta.."

"Nykytilanteessa jatkuva harhailu tuntui vaan monesta usein toivottomalta, ts. pitkältä vaellukselta himon ja sekavuuden kylmässä maailmassa, jossa ainoa tunnustettu rakkaus oli itserakkaus.

Siltikin rakkaudessa tai etenkin sen olotilassa oli jotain tavoittelemisen arvoista, mikä sai monet ihmiset aina vaan etsimään sitä. Ehkä se tosiaan oli sitten vastaus kaikkeen tai sitten se oli vain yksi tapa vastustaa todellisuutta ?

Kaikki ne mutkikkaan oudot ja loputtoman väärät reitit, mitä rakkauden tähden oli tullut kuljettua ja jotka olivat sitten ainoastaan johtaneet tämänhetkiseen ns. tunteiden erämaahan olivat olleet hyödyllisiä ainakin siinä mielessä, että vastaus saattoi löytyä enää vain yhdestä paikasta eli em. autiomaan takaa. Paluumatkalla nyt ei sitten olisi niin väliä..

-Röyh !

-Siis mä haluisin olla niinkö Ma Baker, jos te nuijat yleensä tiedätte sitä ?

-Joojoo Mama..

-Eiku oikeesti. Te voisitte niinku olla mun jengi ja mä olisin teidän pomo ja suunnittelisin kaikki keikat mitä tehtäis ja tollai.. .eikä teidän tarvis enää sanoo mua mikskään Mamaks. Pelkkä Ma riittäisi.

-Miksei sit samantien Red hot shit Mama ?

-Meil on tehtävä ja Dr. on johtaja !

-Joojoo eiei ja syvemmälle syvemmälle..

 Porukka istuskeli kadunkulman portailla juomiaan juoden ja hitaasti lisää seoten eikä Sister Annia kavereineen näkynyt vielä tutkalla missään. Tilanne ei sinänsä ollut paras mahdollinen.

 Koko tiivis seurue koostui tikittävistä tyypeistä, jotka olivat jo valmiiksi riittävän heikkohermoisia ja jotenkin oudosti yhteenkasattuja. Ja nyt kaikki olivat vielä sekoamassa eteenpäin samaan aikaan samassa paikassa. Oli vaan ajan kysymys koska joku aloittaisi rähinän..

"Toisaalta, antaa niiden juhlia nyt tarpeeksi niin jaksavat sitten keskittyä tehtävään paremmin myöhemmin", Dr. järkeili.

"Hyvän ja pahan yksiselitteisyys on aina ollut siinä, että yhtä ei ole ollut ilman toista. Niin kuin asia, joka on yhdelle hyvää onkin toiselle pahaa. Kaikkia ei vain voi aina miellyttää.. ainakaan samanaikaisesti.

Sitä paitsi, kaikki jo suunniteltu tulisi nyt tapahtumaan jokitapauksessa." Dr. nousi autosta ryhmän eteen.

-Tehkää mitä tahdotte kahdessa ensimmäisessä kerroksessa, kolmas on minun.

Hän ohjeisti heitä lyhyesti ja käveli vastauksia odottamatta sisään hotelliin.

Flashback paranoia

Kun jälleen kerran halusin taas kuolla, kaikki jeesas mua. Multa oli viety paljon muttei kaikkee ja sen mä opin niistä et älä koskaan luota, paras kaveri on aina yleensä pahin vihollinen. Mä halusin täyttää itseni jollain muulla ku pelkällä kirkkaalla tuskalla, mä halusin puutua pehmeästi. Oli iisiä saada juttuja kadulla, paukkuja kavereilla, matkoja baarissa. Mä sain paljon ja melkein mitä vaan, mutten kuitenkaan ihan tarpeeks. Mus oli varmaan useempi ihminen sillon. Mä sain lisää enkä enää tajunnu toisten ihmisten puheita, mä unohdin nykyhetkessä läsnäolon. Se oli varmaan joku muu ku mä, vai oliks sitä edes ?

Mun fiilis ei ollu täällä ja tässä eikä enää menneessäkään, vaan jossain aivan muualla ja mä tunsin itseni vierailijaksi. Niinku jälleensyntymä kehdossa maailman toisella puolella. Väkivaltainenko ? No ei.

Mut toisaalta se on kuin visvasyylä. Kun se kerran tulee, se voi tulla koska vaan. Ja kun se tulee, niin se ei kysy.

\-

Yöjunassa, mä sekosin yrittäessäni palata takaisin. Halusin sisään, mut takerruin piikkilankaan ja vereen. Enkä päässyt sisään, mut ne piikit pääsi kyllä ja musta, repien enemmän kuin kukaan/mukaan.

Näin värikkään ikonimaailmain hajonneena, vahvempana sirpaleina kuin kokonaisena. En saa sitä enää kokonaiseks eikä kädet oo enää samat kun veressä kiertää ruostunutta rautaa, mä en oo enää sama..

Nykyään mä ymmärrän, et jos mä olen ikkunassa niin se on jompikumpi laita. Oikee tai vasen. Ei koskaan keskellä, koska keskeltä sut murskataan. Eikä sisällä pysymällä pääse yhtään vähemmällä, melkein täysin päinvastoin. Sä tiedät niiden tietävän missä sä olet. Mut mä olen valmis, ne voi tulla. Mä odotan. Odotan ja kelailen, nuolen haavojani, hion kynsiäni, selkeytän itseäni, syitä ja seurauksia, syyttömiä ja seuraajia, tulevaa ratkaisua.

Mä en avaa sulle ovea, jos et koputa oikein. Enkä, jos yrität tulla ilmoittamatta etukäteen. Mä kuulen kyllä ja kaiken. Puhelin soi, en vastaa. Mä olen valmis.

Autot kaduilla, ihmiset autoissa, lähdöt ja saapumiset, puheet ja kuiskaukset. Askeleita käytävässä, ne menee pois mut ne palaa vielä. Mä tiedän. Puhelin soi taas, en vastaa taaskaan.

Tää huone ei oo riittävän sopiva, kun on tarpeeksi hiljaista ni kuulee kellon tikityksen ja keittiön vuotavan kraanan. Tik, tip, tik, tip, tik..
TIKTIPTKITIPTIKTIPTIKTIPTIKTIPTIKTIP..

Mä rukoilin yhtenä hyvin pitkänä yönä, sitä, joka kuulee ja muhun tuli jotain. En tiedä vielä mitä, jotain kuitenkin. Mä en enää riko kymmentä käskyä enkä usko taivaaseen.

Jos mä vaan muistaisin menneisyyteni kunnolla, niin mä tietäisin kans miten tää päättyy.. .zzzz..

-

-Huomenta. Aloita päiväsi..(Turpa kii typerä radio!) .ja sitten uutiset. (Hyvä).. ihmishelvetti, sumentuma, vajoaminen (Hä?) sähinää, murinaa, tuijotusta (siis mitä ?) 16-vuotias Atlantiksen lähettiläs (Onks nää vielä uutiset ?) 5000 ihmisen tappaja (no joojoo) ja nyt aamujumppaa (Jee).

-Tympiintyneenä pääosan esittämisestä, mutta väärässä elokuvassa olin päättänyt.. OSTA! Nyt vain 100 euroa.. (Ei helvetti) Hyvän tai pahan, jokitapauksessa. Löytää voima, tuntea se ja tuntea yleensäkin kaikki. Värit ja hajut, maut ynnä tunteet, ihminen itsessään uutena ja tällä kertaa päättää itse. Ja nyt, osta.. (En! Oiskohan lehdessä mitään ?) Halusin totaalisen vapauden.

-Vaikka vapaus on meissä jokaisessa, se ei ole noin vain otettavissa. Tunnettavissa ja käytettävissä kylläkin muttei otettavissa.. (Joo) .itseasiassa se ei edes ole olo- vaan mielentila. (Kuka tää juontaja on ?)..jos et tunne itseäsi (Lisää kahvia) et voi ymmärtää, että vapaus on sielun vapaus ruumiista..

(..ts. aina sillointällöin vanhat flashbackit riepottelivat Harry-parkaa yötäpäivää..)

Rakkautta alkutilassa

Oli kulunut suunnilleen vuosi siitä, kun mä viimeks olin nähnyt Jasen tai edes kuullut siitä mitään. Ja sitten me satutaan samoihin bailuihin, missä mä en todellakaan odottanut näkeväni Jasea.

Jase oli tietysti muuttunut jonkinverran, muttei niin paljoa ettenkö mä olisi sitä tuntenut. Ehkä vähän laihtunut ja sekavampi kuin aikaisemmin, mut sama Jase se kuitenkin oli ja mä menin heti moikkaamaan.

-Heii, kato helvetti ? Heh heh, et kyllä oo.. .no en mäkään. Haluisitsä vähän jeesaa..? Jase oli pihalla kuin kiinteistövälittäjä.

-..tiedätsä ihan hienoo, mä en oo kuullu susta mitään niitten aikojen jälkeen.. .mitä sul muuten on ? Vai..

Jase puhui ja puhui, väliin mulle ja väliin kuin itsekseen, melkein koko ajan ja jotain ihme juttua omasta vapauttamisestaan, joka sille jo kuuluis. Musta alkoi tuntumaan tosi vahvasti että mä olin liian selvä, mä en tajunnut Jasen jutuista mitään ja kelasin ääneen et virvokkeet vois olla okei tässä välissä. Ja Jase oli tietty heti mukana, joten me siirryttiin yhteen sivuhuoneeseen hoitamaan asiaa.

Nenänkiillotuksen aikana ja sen jälkeen tuli jutskailtuu kaikista menneistä Jasen kanssa ja se oli päätynyt jotakuinkin samaan lopputulokseen kuin mäkin, et me oltiin oltu monessa jutussa oikeessa ja suunnilleen yhtä monessa väärässä. Mut nykyään ois toisin, Jase ilmoitti varmasti.

Kaikki oli pienen hetken ihan jees, kunnes Jase alkoi taas jauhamaan "vapauttamisestaan" ja kuinka uusi kierros justiin vois saada sen aikaan. Mä en enää jaksanut kuunnella ja palasin takaisin juhliin. Jase tuli kuitenkin heti perässä jatkaen juttuansa samalla vetäen mua tanssimaan kanssaan yhtä hidasta kappaletta, joka justiin soi. Ja mä suostuin, vaikka Jasen "vapausjutut" alkoi pikkuhiljaa viedä hermot.

-Seuraa mua niin paljon ku haluut, mut mä en aio "vapauttaa" sua enempää, mun oli pakko lopuks sanoo Jasen yrittäessä pummaa uutta rundii ja lopetin tanssin kesken.

-Sä et saa mua siihen päläpälään, se on sun juttus eikä mun ! Ja vaikka sä joskus löytäisitkin sen ni sä varmaan jatkaisit sen etsimistä edelleen !

Jase seisoi paikoillaan näyttäen kyllä kauniimmalta kuin koskaan, odottaen et mä lopetin ja aloitti itse vasta sitten:

-Haista sä vittu ! On ihan ok, vaikka mulla oliskin vähän korkee olo ja tollai, mutku vittu sun jalkas ei näköjään koske enää edes niitä pilviä, tajuutsä saatana ?

Ja kun Jase ojensi kätensä uudelleen tanssiaksseen mun kanssa loput siitä pätkästä mä näin reiät sen kyynärtaipeissa. Enkä mä nähnyt enää Jasea vaan lähinnä seonneen ihmisenkelin, joka ei enää tajuu miten kaikki on voinu mennä näin ja kuka tätä vois mitenkään kestää ? Enkelin, jolla olis ollut voima tuhota, mut joka kuitenkin rakastaa tätä kaikkee niin paljon että tuhoaa mieluummin itsensä.

Vaikkakin tyyliin yks vähemmän et äiti maalla olis edes vähän kevyempi olla, niin silti kuitenkin.

On ihan liikaa juttuja, jotka tajuu yleensä vasta jälkeenpäin ja liian myöhään, mut sillä hetkellä mä tunsin ymmärtäväni miks Jase duunaa juttuunsa tai munkit poltti itsensä eikä vihollisiaan jne jne.

Mä heitin pulverit Jaselle yhteen kierrokseen ja siirryin seuraavaan juhlakerrokseen tuntematta huolta, koska mä tiesin et Jase voi kyllä kulkee tän maailman läpi täydessä sekavuudessa ja pärjätä, mut kuinka moni meistä pärjäis Jasen maailmassa, tai edes pääsis sinne ?

Juhlakeskustelujen kolme eri tasoa

I kerros

-Melu ! Musiikki, puheet, huudot. Lähtevät "ihmiset".
-Ahtaus ! Kiire, sekavuus. Kohta ei enää ehdi..
-Tunteiden kirjo ! Ääliöt, nuijat juopot, eläimet (käytettyä, moneen kertaan raiskattua herkkyyttä).
-Hajut ! Lämmenneet juomat, hiki, halvat hajusteet, kusi, tupakka, märät vaatteet.
-Maut ! Käytetty purkka, vanha paska.
-Näyt ! Venyneet, himoa valuvat kasvot..

Suuressa oranssinvärisessä huoneessa oli parhaillaan käynnissä omalaatuinen flamenco-performanssi, jossa kaksi naistanssijaa esitti tulkintaa huoneessa raikaavasta hardcore-flamencosta.

Tanssijoista tummempi kiersi tanssiaan huoneen keskellä ainoastaan reilun metrin kaaressa, kun taas vaaleampi tanssija kaarsi samanaikaisesti omaa laajempaa kehäänsä tummemman ympärillä.

Muuten naisten esitys oli täynnä toistensa vastakohtia, jotka siitä huolimatta toimivat yhdessä yin & yan-periaatteella. Kaikesta saattoi nähdä tyttöjen harjoitelleen paljon ja nähneen vaivaa show'nsa eteen (ehkä liikaakin), sillä siitä puuttuivat juuri klassiselle flamencolle tyypilliset spontaanisuus ja intohimo.

Tämä ei kuitenkaan haitannut yleisöä, joka oli kerääntynyt huoneeseen musiikin alkaessa ja näytti pitävän kovasti esityksestä. Vanhemmat rouvat hymyilivät silmät puoliksi suljettuina ja huulet avoimina päästellen vale-orgasmeja muistuttavia äännähdyksiään säännöllisin väliajoin. Todellisuudessa he vihasivat noita tanssijoita heidän nuoruutensa takia. Kyse ei ollut mustasukkaisuudesta vaan pelkästään normaalista kilpailusta, jossa vanhempi naaras pyrkii säilyttämään asemansa pitämällä nuoremmat kilpailijat loitolla.

Myös heidän miehensä (tai kumppaninsa, kuten he asian itse ilmaisivat) seurasivat naistanssijoiden esitystä silmät puoliummessa ja hymyillen. He nauttivat ja ihmettelivät. Nautinto syntyi esiintyjien nuoruudesta, joka sai heidät muistamaan oman nuoruutensa niin elävästi. Nuo tanssijat eivät tarvinneet mitään ylimääräistä, ei koruja tai kalliita juhlapukuja eivätkä ehdottomasti mitään aamu- tai yövoiteita, jotka eivät edes täyttäneet lupauksiaan (ainakaan heidän kumppaniensa osilta).

Se ei siltikään ollut pelkkää nautintoa nuoruudesta vaan myös kasvavaa himoa, jota voisi ehkä verrata siihen kun pitkään janoisena ollut miesvampyyri kohtaa nuoren ja pitkäkaulaisen naisen..

He kelluivat tyytyväisinä niin himossaan kuin myös nautinnossaan miettien samalla olisiko heillä kylliksi rahaa molempiin, vaiko vain toiseen tanssijoista esityksen jälkeen).

II kerros

-Mikä sä sit luulet et sä siis oot ?
-Olen herkkä idealisti, passiivinen mystikko, holistinarkomaani ja ennaltanäkevä telepaatti eli siis fanaattisuskonnollinen poliitikko.
-Mitä sä sit tarvit ?
-Tarvitsen helppoja suhteita, monia avioliittoja, levottoman kiireistä, spontaania tunne-elämää. Kuten myös perusteellisuutta äärimmäisyyksissä, suurta mukautumiskykyä, masennusta ja vilkasta mielikuvitusta.
-Etsä sit tarvi mua ?
-En tarvitse kiivasta ja ankaraa luonnetta, taistelunhalua, ylpeyttä enkä myöskään kriittistä mieltä.
-Sä oot seko ?
-Moi.

Samaan aikaan toisen kerroksen käytävätasanteella jatkui katkeamaton kahden hengen monologi, jossa kummatkin puhuivat omiaan samaan aikaan. Parin naispuolinen henkilö istui jalat ristissä sohvatuolilla itkuaan pidättelevän näköisenä, yrittäen pitää itsensä kasassa lausumalla väliin erilaisia uskontunnustuksia ja väliin taas vain väittämällä vastaan.

 Parin mies taas kierteli naista vasemmalta oikealle, hymyillen ja naisen kommentteja vähätellen. Aina väliin hän pysäytti kiertämisensä kuin sattumalta aina juuri naisen selän taakse ja säikäytti tämän huutamalla puheensa loppusanat.

 Oli kyse sitten esityksestä tai parin arkielämästä, myös tämäkin näytti kiinnostavan kovasti ihmisiä.

-..sillä minun on pysyttävä uskossani ei pelkästään itseni vaan myös muiden..

-Sinun uskosi ainoastaan estää sinua elämästä ! Uskonto on sinulle pelkkä tekosyy, sama kuin upottaisit itsesi etikkapurkkiin ja kutsuisit sitä uskossa elämiseksi. Miten olisi yhdet terävät ja sen jälkeen pehmeä makuuhuone, beibi ? Mies virnuili naiselle.

-Äläkä saata meitä kiusaukseen vaan päästä meidät pahasta..

-Joojoo ja samassa kirjassa sanotaan myös lisääntykää ja täyttäkää maa. Riippuu mistä kohtaa haluaa lukee..)

 Nainen jatkoi itsensä vakuuttelemista itkuisena miehen taas jatkaessa naureskellen omaa molemminpuolista virnuiluaan. Ihmisiä poistui ja uusia saapui stereomonologin vain jatkuessa tasanteella jatkumistaan.

III kerros

-"Yhteiskunta" haluu sun veitses ja sä annat sen kahva tai terä edellä, jokotai.

-Jos "yhteiskunta" olis yleensäkään totta niin kaikenhan pitäis -nimensä mukaisesti - olla yhteistä. Ei! Meillä ei ollut mitään eikä me koskaan saatukaan mitään, kaikki oli aina vaan otettava, aina alusta lähtien.

Ja sen jälkeen, yht'äkkiä, me oltiinkin ULKONA yhteiskunnasta. "Yhteiskunta" valvoo ainoastaan että te näette yhteisunta, mut mä en enää näe unia.

-Kaikkien pitäis olla vaan hyviä ja tehdä hyvää. HYVÄ! Mihinköhän verrattuna ? Muhun ? Mut ois varmaan jo teloitettu ajat sitten jos ne ei tarvis mua vertailukohteena pelissänne, ilman mua te ette vois olla hyviä.

-Ja nää seinät sitten. Mä voisin tulla ulos koska vaan ja mä tulen kyllä, mut vasta sit kun MÄ haluan. Ja kun mä tulen niin kaikki tietää mun tulleen enkä mä tule yksin.

Mä näen palavat kaupungit palavine ihmisineen odottamassa pelastajaa, "yhteiskuntaa". Mutta sama "yhteiskunta" pyrkii ainoastaan pelastumaan, ei pelastamaan. TURHAAN! Syylliset löydetään ja tuhotaan aivan niin kuin myös meitä on tuhottu.

-Perhe on monikko eikä yksikkö. Syylliset perheineen.. .hyvyytensä kadottaneina ne katoavat.

-"Se mokas" ne nauraa siellä mua nyt ja luulevat mun olevan vankilassa. VÄÄRIN! Te siellä oiotte, oman ahtaan ja rajallisen mielenne vankilassa. Seinät ja muurit on olemassa vain, jos niiden haluaa olevan.

Mä en tarvi teidän rajojanne enkä rajoituksianne, te niitä tarvitsette. Te pyritte kontrolloimaan kaikkia ja kaikkea vaikkette kontrolloi edes itseänne. Vai näätsä sitten omat rajas ? Tai valtioiden rajat ilmasta ? Näätsä rajattomuuden rajat ?

-Mä näen itseni teidän talojenne ja kaupunkienne yllä valikoivana pommittajana ja mun ajatukseni ovat teille pommeja. Ja te haluaisitte ampua mut alas mutta kun ette voi, koska silloin te ette enää olis niin saatanan hyviä.

-Älkää suotta huolehtiko. Mä tulen kyllä vielä ulos, mut vasta sit kun mä haluan.

Modernia evankeliumia

-..elämä on näyttelemistä ja nerous sen ymmärtämistä älyllä, joka taas on molemmilla jo syntymästä lähtien. Ärsyke, jota käyttäen nero saadaan tulemaan esiin on peto. Pedon jatkuvuus voi kulua piilevänä sen esilletuovaan ärsykkeeseen saakka, joka taas useimmiten on nero..

Ärsyke. Se oli juuri oikea sana kuvaamaan tilannetta, hän myhäili turhautuneena itsekseen. Onnistuttuaan livahtamaan salaa juhlien ylimpään kerrokseen hän oli odottanut löytävänsä villeimmät juhlat sieltä ja..Tämähän on kuin joku herätyskokous, hän kiroili taas itsekseen. Yksi vaan puhuu ja puhuu ja muut nyökyttelevät.

-..nero pedossa. Näyttelykyvyn tajuaminen ja käyttäminen uusina sovellutuksina vanhaa, jo valmiiksi tiedostettua kohtaan. Paikasta riippuen ja mukautumiskykyä käyttäen noin 2000 vuoden niinsanotun muka tietoisuuden mitätöiminen.

Tai sitten peto nerossa. Molempien tiedostaminen ja hallitseminen lähinnä jälkimmäistä käyttäen. Vaikka molemmat käyttävät toista, ainoastaan asioiden yhtäaikaisuus saa molemmat toimimaan yhdessä, samanaikaisesti.

-Eiköhän laiteta juhlat käyntiin, hän yritti huikata väliin saamatta keneltäkään huomiota ja puhe jatkui taas.

-Neron ja pedon yhdistävät tekijät ovat kuin jatkuvaa vihan ja rakkauden taistelua samassa ihmisessä. Kuin ihminen, joka haluaa rakkautta vihalla eikä sitäkään perinteisillä jo tutuilla tavoilla. Käänteisesti ymmärrettynä: Mitä vahvemmin hän rakastaa, sitä suuremman vihan hän myös tuntee..

-Mutta tuossahan on moraalinen kramppi, hän yritti vitsailla väliin. Kukaan ei nauranut ja puheenpitäjä jatkoi.

-Jos haluat tietää, mikä moraalinen kramppi on niin kuuntele äläkä keskeytä koko ajan. Nero voi elää ilman petoa, mutta ilman vertailukohtaa hän ei olisi nero. Ilman pedon halua hän tyytyisi nykyisyyteen haluamatta muuta kuin istua aloillaan maailman jo ollessa valmiiksi hänen päässään.

Myös peto voi elää ilman neroa, mutta vain nykyisyydessä. Peto ilman neroa on vapaa omastatunnosta ja moraalista, vapaa itsessään.

Peto ei pakene itseään, koska vapaus on hänessä ja hänen teoissaan.

 Mutta peto itsessään eli ilman neroa ei ole pitkäikäinen, koska peto ilman neroutta tai vähäisintäkään järkeä on ainoastaan hullu koira ts. häviäjä.

-Niin niin mutta.., hän yritti vielä saamatta huomiota keneltäkään.

-Neron ja pedon moraalinen kramppi on samassa päämäärässä eri tavoilla saavutettuna, sekä niiden oikeutuksessa.

Peto ei tiedä tuoko voima piittaamattomuuden, nero taas ei ymmärrä fyysisyyttä aivoissa ja niin edelleen.

Moraalisen krampin voi ymmärtää sillä, että ensimmäisen aseen keksijä oli nero, ei peto.

 Mies jatkoi tasaista puhettaan puhumatta pelkästään hänelle vaan kaikille muillekin samanaikaisesti. Jossain välissä ihmiset näyttivät muuttuneen kuulijoista faneiksi, kaikki pyrkivät lähemmäs puhujaa ja muutamat etummaiset jo pyörtyilivät..

III

Synkeän juopon juutalainen joulu

Klo 20.32. Paikka oli muutaman kilometrin päässä keskustasta sijaitseva korttelikapakka, mutta sillä oli hyvä nimi: Huijarin himo.

Muuten se ei poikennut muista kaltaisistaan, tavallinen kuluneen kyllästynyt baari.

Sisustus tummaa puuta ja tapetteja sekä joukko yhtä aurinkoisia kanta-asiakkaita.

Nurkkaan sijoitettu kuivunut joulukuusi oli pimentänyt tikkataulun.

Lyhyesti sanottuna se oli juuri niitä paikkoja, joissa pärjää parhaiten kun tyytyy vain kuuntelemaan.

"..sit ku mä aloin taas lataa ni kaikki meni aluks iha ok, mut sit mun piti hakee kellarista jotain ja Hik-wiö venas mua taas siellä. No se ei onneks ollut kovin pahalla päällä, mitä nyt halus saada puolet siitä dokusta mitä mulla oli vielä jäljellä..

..no siinä joutu sit taas vähä venymään. Ääh.."

Pätkä outoa tarinaa pöydän toiselt puolen auttoi ymmärtämään paikan nimeä entistä paremmin. Jokaisessa jutussa tai houkutuksessa oli taustalla aina enemmän tai vähemmän eriasteista rip-offia.

Hik-wiö jäisi näkemättä tällä kertaa, oli aika jatkaa eteenpäin.

Klo 22.32. Se oli yksi niistä yöklubeista, joita kaupungin keskustassa vielä riitti. Ei mitenkään hohdokas sekään, mutta siellä oli ihmisiä. Lavalla soitti tyttöbändi Los Putas tuttua huora-rockiaan ja ihmiset joivat vaeltaen ympäriinsä kadonneina muiden kaltaistensa joukossa. Ihmiset, jotka enemmän kuin juttuseuraa näyttivät etsivän vain kuuntelijaa.

"..niin vaik mun nimi onkin Lumikki niin monet mun frendit kutsuu mua nimellä Snow white. Niinku useemmasta syystä, tajuutsä ?"

Sama se. Kaunis nainen, kaunis nimi.

"Täs olis lähellä yhdet partyt, kiinnostaisko ? Mun täytyy vaan ekaks käydä tuolla.. .mä annan sulle osoitteen ja mun nimen sanomalla sä pääset kyllä sisään."

Lumikki oli lähdössä.

"Ja jos et nyt pääsis niihin juhliin, niin ainakin steissillä mun naaman voi yleensä nähdä. Tsaadios ny taas."

Hetki baaritiskillä yksin sai muut juhlijat näyttämään tontuilta ilman hattuja. Tajusin bändin soittaneen jo ainakin puoli tuntia ilman mitään taukoja kappaleiden väleissä.

Klo 00.26. Lumikin ohjeita seuraamalla juhlatalo löytyi helposti. Se oli suuri rakennus ja ainakin kolme ensimmäistä kerrosta näkyivät olevan juhlijoiden käytössä.

Alaovella vahtia pitävä ovimies avasi oven kuullessaan kysymyksen Lumikista, hymyili ja kehoitti etsimään tämän itse. Juhlijat eivät ainakaan kuolisi nälkään. Jo paikan ensimmäisen kerroksen tiloissa oli ruokaa tarjolla niin määrättömästi, että sillä olisi ruokkinut puoli Pietaria monta päivää.

Ja juomaa. Useat tarjoilijat (jotka taisivat olla paikan ainoita suht selväpäisiä) yrittivät tappaa vieraat alkoholilla toteuttaessaan näiden tilauksia hymyillen.

Ruokaa, juomaa ja ajattomia, sekaisin olevia ihmisiä. Periaatteessa samaa kuin muuallakin kaupungissa, mutta vain paremmissa kulisseissa.

Outoa sinänsä kuinka jo pelkkä vieraiden vaatetus vaikuttaa juhlan kuin juhlan luonteeseen. Mitä paremmin ihmiset ovat pukeutuneet, sitä perverssimmältä juhlat aina alkavat näyttää illan mittaan sekavuuden kasvaessa.

Liian pieneen joulupukinasuun sonnustautunut Sergei-niminen sika vaelsi huoneesta toiseen messuten jotain käsittämättömyyksiä perässään nainen, joka turhaan yritti kutsua miestä nimeltä. Ja juhlat jatkuivat, koska toisille edes valo ei tuo onnea.

Lumikki ei ollut siellä.

Klo 01.51. Jotain vedenkaltaista sateli maahan hiljakseen, jokseenkin kiireettömästi ja kadut olivat pääosin jo hiljentyneet siltä illalta. Onneksi matka steissille ei ollut pitkä, vajaan kilometrin korkeintaan. Jos Lumikin puheisiin oli luottamista niin paikka kannatti käydä tsekkaamassa.

Päästäkseen itse suorinta reittiä joutui kulkemaan pätkän puista jalkakäytävää jonkun rauniomaan sivuitse. Käytävää reunusti oikealla narukaide ja vasemmalla kovalevyn paloista tehty seinä.

Seinään oli ehtinyt ilmestyä useampia julisteita juhlista, tapahtumista sekä puolenkymmentä missing-ilmoitusta, joista jokaisessa oli Lumikin kuva.

Just.

Unelmoija

Alkuillasta kaupungin keskustan kadut olivat taas täynnä samoja tyyppejä kuin yleensäkin. Sekopäitä, juoppoja, huoria ja niiden asiakkaita, kuka-minkäkin-jutun narkomaaneja sekä toisilleen ehdottelevia perverssejä. Tappajia ja tapettuja, nuoria ja vanhoja, mutta vasta auringon laskettua unelmoija astui kaduille. Kuten valtaosa muistakin ihmisistä.

Buutsit ja nahkahousut, kaksi vyötä, hihaton t-paita ja vanhempi nahkatakki yllään unelmoija pysähtyi kadunkulmaan ja istahti rappusille, niinkuin ennenkin.

Pieniä rähinöitä joka puolella, nuoria poikia odottamassa sopivaa ohikulkijaa, muutamia ohiajavia autoja ja musiikkia..

Hän ei muistanut kauanko hän oli tätä samaa katsellut tai kuinka kauan hän tosiaan oli täällä jo ollut ? Hänen vartalonsa ja vaatetuksensa antoivat vaikutelman suht nuoresta miehestä, mutta hänen liiaksi elämää keränneet kasvonsa eivät oikein sopineet kokonaiskuvaan.

Sweet sixteen.. .humalaisia nuoria tyttöjä kulki ohi ja joku heistä ojensi hänelle vielä puolillaan olevan pullon ja hän otti sen sanomatta mitään, niinkuin ennenkin.

Monia vaihtoehtoja ilman houkutusta..

Pullon tyhjennettyään hän nousi kiertääkseen korttelin ja katsellakseen ympärilleen.

Hän vihasi keskustaa, jossa ihmiset, huumeet ja perseet kiersivät kehää. Puhumatta kenellekään hän kulki taas kohti Texasia, missä hänellä oli huoneisto toisessa kerroksessa.

Rappukäytävä oli täynnä juhlivia ihmisiä, talossa oli taas juhlat ja hissi ei toimisi niinkuin yleensäkään ja hän nousi portaita ylös ihmisiä väistellen. Joku ojensi sätkän ja hän otti siitä muutamat savut, palautti takaisin ja jatkoi ylöspäin.

Puolipukeinen nainen hymyili toisen kerroksen tasanteella, kasvot levinneinä. Hän hymyili takaisin ja ohitti tämän, avasi ovensa ja lukitsi sen taas sisään päästyään. Huone oli ennallaan: Kaksi ikkunaa sekä lamppu ilman varjostinta, rautakehikkoinen sänky käsiraudat joka nurkassaan.. Kaikki oli aivan kuin ennenkin , hän avasi toisen ikkunoista ja oikaisi kehonsa pitkäkseen vuoteelle.

Maattuaan hetken juhlia kuunnellen hän nousi istumaan kuultuaan ääntä avaamaltaan ikkunalta ja kohta huoneeseen työntyikin ensin pari solkikenkiä, pitkät sääret ja sitten loputkin nuoresta pitkähiuksisesta tytöstä.

Tyttö oli ehdoton lukuunottamatta pitkää arpea, joka kulki halkaisten tämän koko vasemman posken vaakasuoraan. Vaikka hymyily sai arven kääntymään niin kuin tytöllä olisi kaksi hymyilevää suuta, hän hymyili koko kasvojensa leveydeltä ja henkeä vetäisten heitti nahkatakkinsa lattialle käyden itse makaamaan sängylle unelmoijan vielä availlessa käsirautoja. Ja hän otti tytön niinkuin ennenkin.

Unelmoija nousi sängystä vetäen housut taas jalkaansa tytön jäädessä makaamaan sänkyyn vatsalleen. Hän sytytti tupakan ja nosti tytön nahkatakin lattialta laskien sen tämän alavartalon peitoksi.

Poltellessaan hän katseli tyttöä odottaen tämän heräämistä ja kun tämä vihdoin avasi silmänsä ja nousi, unelmoija veti buutsit jalkoihinsa ja käveli ovelle. Taakseen katsomatta hän tiesi tytön katselevann ja hän astui käytävään sulkien oven takanaan.

Juhlat olivat jo rauhoittumaan päin siltä illalta ja unelmoija kulki alaspäin väistellen oksennusta ja pulloja ja ihmisiä. Hän astui ulos aamuyön hiljentämille kaduille ja kulki kiirehtimättä. Jostain kuului kuolevan naisen huutoa mutta hän ei välittänyt siitä. Hän etsi elämää, ei kuolemaa.

Pimeän aikana kaikki tuntui olevan lähempänä tai ainakin enemmän läsnä siinä hetkessä ehkä, koska päivänvalon paljastamat etäisyydet eivät päteneet enää. Kaikki oli juuri siinä ja myös jotenkin pehmeämpänä, koska päiväsajan paljas terävyys puuttui yöstä. Jotkut kokivat kaiken pehmeyden ja läsnäolon ihastuttavana ja lähes addiktoivana, toisille se taas edusti pelkkää kauheutta..

Kulutettuaan   lähes kaksi tuntia puolen tunnin kävelymatkaan siirtyessään kaupunginosasta toiseen hän saapui kotinsa edustalle auringonnousun aikoihin, missä hän arveli vaimonsa ja arpiposkisen tyttärensä häntä jo odottavan.

Osa-aikaista jakomielisyyttä toispuolisessa Teheranissa

Vaikka arvostinkin suuresti kahta kollegaani, joiden kanssa vietin valtaosan ajastani tässä kaupungissa minun oli silti aina välillä päästävä pois heidän luotaan.

Ensiksikin hyväänkin seuraan kyllästyy aina joskus, ja toiseksi olin alkanut kuulla ääniä tai puheita mielessäni ja se yksinkertaisesti söi hermojani. Tällöin yleensä lähdin aina liikkeelle kaduille ainakin siksi aikaa kunnes nuo äänet äänet vaivasivat minua.

Kadunvarsien lukuisilla nuotioilla elämä sinänsä oli helppoa, senkun kävelit paikalle ja istuit alas. Tai sitten seisoit, miten vain. Kukaan ei välttämättä kysellyt sinulta yhtään mitään, mutta melkein kaikilla tuntui aina olevan tarinaa kerrottavanaan ja niitä oli aina monenlaisia erilaisia. Yleisimpiä olivat ehkä kuvaukset eri kaupunginosista ja elämästä siellä ennen onnettomuutta, eli eräänlaisia matkaopas-tarinoita.. Kaikki kaupungin ihmiset olivat kokeneet jotain ja yrittivät nyt ehkä löytää merkitystä kokemalleen vertailemalla tai kertomalla omia tarinoitaan toisilleen ? Oli sitten tietenkin myös niitäkin, jotka puhuivat vain lämpimikseen. Kirjaimellisesti.

Monesti nuotioilla ollessani annoin vain ihmisten tarinoiden kulkea lävitseni korvasta korvaan ja yrittäen olla takertumatta niihin niiden laadusta tai tasosta riippumatta.   Tällä tavoin taas päässäni tarinoivat äänet sekoittuivat muiden, todellisten ihmisten puheiden virtaan ja takertumatta mihinkään niistä ne eivät päässeet häiritsemään minua. Istuin vain alas ja annoin kaikkien tarinoiden virrata ympärilläni. Useinkaan niistä ei saanut muutenkaan mitään tolkkua kuka milloinkin kertoi mitäkin..

Ensimmäinen nuotio, viides hetki

-..en koskaan sanonut välittäväni suuremmalti tästä kaupungista, minulle se on vain kuin toispuolinen Teheran. No joojoo ja kamoon, just sitähän tää kaupunki on.

Siis alkuperäinen Teheranhan on jakaantunut karkeasti piirrettynä kolmeen osaan: köyhään ja umpimieliseen etelään, neutraaliin ja nykyaikaiseen keskustaan sekä moderniin ja rikkaaseen pohjoiseen joka taas ei piittaa kahdesta edellisestä.

Ok. Siinä siis Teheran pähkinänkuoressa ja tästä toispuolisesta versiosta täällä löytyi kutakuinkin samat piirteet kunhan vain muisti vaihtaa etelän ja pohjoisen asukkaat keskenään, sekä tietenkin myös sen itse kuoren. Loogista, eikö ?

-Siis tottakai eroavaisuuksiakin löytyy, tämä kun on täysi rannikkokaupunki mitä taas Teheranista kukaan ei olisi uskonut tai odottanutkaan keskellä hiekkaa heh heh.

Eikä täällä näkynyt minareetteja tai paljon muitakaan korkeita rakennuksia sen onnettomuuden jälkeen. Aivan kuin keskusta ja etelä olisi vetäisty sapelilla kerralla tasapitkäksi, tajuutsä taas heh heh.

-Tai kaupungin pohjoisosista taas löytyy ehkä vielä korkeitakin taloja ja rakennuksia jos niistä nyt pitää, ulkoisesti se alue on ehkä vähiten muuttunut ennen ja jälkeen.

Siellä kulkeminen tai eläminen saattoi periaatteessa olla helppoa, keskeiset kulkuväylät ovat leveitä ja avoimen tuntuisia ja näyttivät vieläkin silloin tällöin onnellisilta ja vihreiltä joitakin hiiltyneitä pystyynjäykistyneitä ehkä lukuunottamatta. Ja tietenkin kannattaa muistaa mun eri painotus sanoille *periaatteessa* ja *ehkä*..

Keskeytin kuunteluni hetkeksi ja avasin paperinipun, jonka aiemmin tänään joku juoksija oli tyrkännyt käsiini ohi porhaltaessaan. Huomasin niiden olevan käsin täyteenkirjoitettuja ja ajattelin selailla niitä hiukan ennen tuleen lisäämistä ja aloitin ensimmäisen sivun:

"Viimepäivinä kohtaamani tapahtumat olisivat saaneet kenet tahansa epäilemään järkeään, mutta ainakin siitä saatoin olla varma että viereläni löntystelevä naarasleijona oli todellinen kaikessa fyysisyydessään.

Kuljettuani sen kanssa lähes kaksi päivää mietin ihmisten pitävän sitä vaarallisena enemmänkin tiikerin parina, kuin sen itsensä saati sitten minun vuokseni.

En silti kuvitellut turhia enkä luottanut siihen paljoakaan ja pidin aseeni jatkuvasti valmiina. Olin jo noin puolivälissä matkaani ja se kulki kanssani, mutta tiesin sen hylkäävän minut välittömästi jonkun tai jonkin vahvemman tullessa esiin.

Vaikka tiesin sen alun perin olevan kaupungin eläintarhasta, jokin siinä sai minut arvostamaan sitä, väliin jopa tuntemaan kateutta sen tavasta elää ja sen välittämästä vapaudesta. Sen tavasta ottaa jokainen hetki omakseen.

Joutuessani esimerkiksi itse käyttämään asetta en koskaan kokenut sitä mitenkään henkilökohtaiseksi vaan ehkä korkeintaan jonkinlaiseksi persoonallisuuteni jatkeeksi, jolla taas ei kuitenkaan ollut persoonallista yhteyttä minään. Tunne kulki yksisuuntaisesti.

Kun taas tuo leijona itsessään oli ase, sen kokonaisuus joka eli sen kautta ja tilanteiden mukaan. Raivoavaa pehmeyttä, ei harkittua vaan luonnollista ja siten avoimuudessaan vastustamatonta, täysin ennakoimatonta." Omituista..

-..ongelmia siellä järjestyi aina ja etenkin silloin, kun vierailijat suuntasivat reittinsä sivukaduille noiden korkeampien tornikortteleiden väliin. Itse asiassa siltä ei voinut monestikaan välttyä koska yleensä kaikki pohjoiseen saapuvat halusivat aina sieltä jotain ja mitä se nyt sitten sattuikaan olikaan niin se löytyi takuuvarmasti juuri noilta sivukaduilta ja niiden sisäpihoilta, ei koskaan pääkaduilta.. .kylmää paradoksia kerrakseen.

Näitä kortteleita kutsutaan siellä meilläpäin varsin yleisesti pietarilaisiksi basaareiksi.

Sellaisten vanhojen ja valtaosin kaksitoistakerroksisten asuinkortteleiden sisäpihat eivät normaalistikaan olleet mitään tilaihmeitä, mutta kun pihojen äärilaitoja kiertävät ahtaasti toistensa näköiset myyntikojut ja niiden vieressä vielä yhtenevät myyntiteltat, niin pihat muuttuivat ahtaista liian ahtaiksi.

-Ja sit kun vielä jäljelläolevan pihatilan keskelle ahdettiin edellistä pienempi piiri samanlaisia kojuja, ne pihat muuttuivat yksinkertaisesti liian ahtaiksi kaikelle. Ylemmistä kerroksista katsottuina ne siis näyttivät ihan kuin rutistetulta o-kirjaimelta.

Keskeytin hetkeksi lukemisen käänsin paperinipusta seuraavan sivun:
"..olin matkalla tyttöni luo kaupungin toiselle puolelle ja tyhmyyksissäni luulin tietäväni helpoimman ja samalla suorimman reitin sinne, mutta varsinaisen virheeni olin tehnyt juuri aikaa säästääkseni alkamalla kulkea mieluummin varjoisempia sivukatuja keskustan leveämpien ja avoimempien katujen sijaan. Nuo ensinmainitut kadut olivat tiikerin aluetta ja sen oli täytynyt kokea minut joko sen haastajana tai vain taas yhtenä elämäänkyllästyneenä houkkana.

Muistin hyvin kohtaamisemme kulkiessani eräällä itään vievällä nimettömällä kadulla ja yhtäkkiä huomasin naarasleijonan kulkemassa katua kanssani samansuuntaisesti, vain muutaman metrin etäisyydellä minusta.

En reagoinut tilanteeseen ensin mitenkään, ainoastaan tarkkailin kaiken varalta ja jatkoin eteenpäin, kunnes silmäkulmastani huomasin jonkun lähestyvän minua vauhdilla suoraan edestäpäin.

Naarasleijonan viedessä huomioni itse tiikerin oli täytynyt vain odottaa kunnes tulisin itse tarpeeksi lähelle ja kun vihdoin tajusin sen, tiikeri oli jo vauhdissa.

Enempiä ajattelematta kohotin aseeni ja laukaisin lennosta, mutta onnistuin onnistumaan vain puoliksi, eli haavoittamaan sitä. Sen karatessa poikkikadulle verta kyljessään käännyin leijonaa kohti, joka ei liikahtanutkaan ei paetakseen tai hyökätäkseen. Se katsoi hitaasti hetken minua, sitten suuntaa minne tiikeri oli paennut ja siitä lähtien se oli kulkenut yhtä matkaa kanssani."

-..kuitenkin, kun tällaiselle pohjoisen pihalle astahti ulkopuolinen yhdenkin askeleen niin hän tajusi nopeasti samassa pihan toimivan vain yksisuuntaisesti, eli joutuvansa kulkemaan täyden kierroksen pihan ympäri jos teki mieli vielä päästä sieltä pois.

Mitä ikinä sitten tarvitsitkaan niin tarpeen täytyi olla tosi suuri lähteäksesi kiertämään noita loputtomia kaarteita kojujen keskellä, joiden takana näytti aina olevan pelkästään vain viiksekkäitä smetanamiehiä, ei koskaan ei vanhuksia tai vaikka naisia eikä nuoriakaan.

-Eivätkä nuo viiksetykset edes näyttäneet kauppiailta alkuunkaan vaan paremminkin ehkä yli-innokkailta ulosmittaajilta. Eivätkä ne olleet kohteliaita alueen ulkopuolisille asiakkaille saadakseen kaupat tehtyä vaan mieluummin loukkasivat näitä avoimesti ja suoralta kädeltä saadakseen tekosyyn aloittaa tappelun heidän kanssaan

..niissä basaareissa ihmisten luontainen verenhimo leijuu vahvana saudien vesipiippujen luoman jatkuvan pilvisyyden seassa ja sen saattaa kuulla, haistaa, nähdä..   .aistia kokonaistilassa, joka näyttää vain odottavan virhettäsi ja etenkin tapaasi reagoida siihen. Sinne ei kukaan järkevä mene vapaaehtoisesti, toiset eivät pakollakaan..

"Trampoliinin alla lyhytkin voi miellyttää" niin kuin paikallinen viisaus asian kiteytti.

Pohjoisen ihmisillä on muutenkin omat kuvionsa, joita he pitävät aitoina (uskontoa myöten) verrattuna "nyljettyihin" kuten he taas muualta tulleita kutsuvat.

Uskomatonta taas oli että pääasiallisin syy käyttämiinsä nimityksiin ja moniin muihinkin asioihin johtuu juuri ja nimenomaan uskonnosta ja uskonnollisuudesta.

Päivittäin jatkuvat rummutukset, jotka myös "Jumalan rumpuina" siellä tunnettiin paukkuvat ja kaikuvat näillä alueilla huomattavasti kovemmin ja kovempaa kuin yhdessäkään toisessa kaupunginosassa.

-Tästäkin nämä pohjoisen ihmiset käsittivät tottakai olevansa lähempänä jumalaa kuin muut yksinkertaisen selkeästi, koska juuri he kuulivat jumalan tahdon muita selvimmin.

He kokivat ylpeyttä tajutessaan olevansa kyllin arvokkaita asumaan jumalan välittömässä läheisyydessä, kun taas kauempana elävät tai asuvat olivat arvottomia ja "nyljettyjä" kuin villieläimet lukuunottamatta ehkä nahkojaan, joita monet tiesivät jumalalle jo rumpukalvoina uhratun..

Kuulemani tarinat olivat aika levottomia tänään eikä osittain lukemani kirjoitettu tarina myöskään hävinnyt niille myöskään yhtään. Käänsin taas sivua.

"Päivän lähestyessä loppuaan löysin erään kojun tai rakennuksen, joka ulkonäöstään huolimatta vaikutti sopivalta yöpymispaikalta. Tyhjänä ja osittain palaneenakin se tarjosi riittävästi suojaa, josta minua ei hetkessä yllätettäisi. Asetuin puolittain makuulle seinää vasten leijonan taas jäädessä ulkopuolelle.

Heräsin yöllä ääniin kojun ympärillä ja luulin ensin leijonan edelleenkin valvovan kunnes tajusin kuulevani ulkoa pehmeät, mutta kahdet eri askeleet ja kojun eri puolilta. Jotain oli tapahtumassa enkä uskonut sen olevan mitään hyvää, mutten poistunut kojusta vaan valvoin hiljaa aamua odottaen." O ja o, omituista täälläkin..

-Mut ei se pohjoinen sillai ole mikään poikkeus, katselemalla kaupungin ihmisiä nykyisessä elämänmenossaan tai kulussaan näki näiden elävän hyvin paljon melkein kuin ennenkin.

Muutos entisestä nykyiseen oli siis ollut varsin nopeaa ja helppoa, mistä taas saattoi päätellä ettei entinen vanha maailma sääntöineen ja käsityksineen ollut enää kovinkaan vankalla pohjalla edes paikallistenkaan mielestä.

-Se oli oikeastaan yhtä selvää kaikissa muissakin kaupunginosissa. Kaikkialla niin etelässä kuin lännessä ja myöskin idässä, ei pelkästään pohjoisessa.

Kaupungin ihmisten kannalta nykytilanne saattoi ollakin ehkä jopa parempi kuin entinen aika, ainakin noin henkiseltä kantilta. Kun miettii mitä kaikkea ihmiset aiemmin piilottelivat toisiltaan (odottaen samalla sopivaa tilaisuutta selkäänpuukotukseen), oli taas nykyhetkessä paljasta ja avointa todellisuutta.

-Olin varma jonkun oudon kuumeen tai vastaavan iskemisestä minuun, oli monia hetkiä joita tiesin tapahtuneen eri paikoissa ja muistin myös tapaamani ihmiset.

En vaan nähnyt tai paremminkin kyennyt sijoittamaan itseäni noihin tilanteisiin tai keskusteluihin, kuin olisi elänyt kahta eri elämää yhdellä ruumiilla ? Ja noista " vuoronvaihdoista" ei tietenkään saanut minkäänlaista ennakkovaroitusta.. Eri äänet jatkoivat eri tarinoitaan minusta välittämättä.

-Aiempi peitelty juoruilu naapureista ja toisten tekopyhä mielistely oli nykyisin kadonnutta, koska ns. "oman kilven kiillotuksella" ei ollut enää samaa merkitystä tai vastaavaa hyötyä mitä sillä aiemmin nyt ehkä oli saattanut joskus olla.

Tai sitten nykyihmiset olivat vain rehellisempiä niin itselleen kuin myös toisilleen ja sitä myötä jättäneet vanhan teeskentelyn miltei kokonaan pois, koskeivät enää tienanneet sillä päivän elantoa muutamia poikkeuksia lukuunottamatta, mutta he olivatkin siinä ammattilaisia.. Mitenniin mä muka toistan itseeni ?!

"Aamu. Kaikki vaikutti samalta kuin eilenkin, kaduilla ei ollut mitään/ketään erilaista eiliseen verrattuna. Oli taaskin vain minä ja vain tuo naarasleijona.

Valmistautuessani taas lähtöön leijona seisoi vierelläni näyttäen oudosti aivan kuin hymyilevän. Jähmetyin hetkeksi mutta muistin samassa taas edellisyön äänet ja kaiken muun, joten lähdin taas kerran jatkamaan eteenpäin.

Matkamme jatkuessa hermoni soittivat jatkuvaa ja kovenevaa hälytystä, kiitos tuon tiikerin. En nähnyt sitä missään mutta tunsin sen läsnäolon lähes jatkuvana, aina jokin ääni tai muu merkki ympäristössä kertoi sen yhä seuraavan meitä.

Yritin vain olla välittämättä ja kulkea kuin en huomaisi mitään ja jatkoin eteenpäin.

Aina joskus jostain reitillemme ilmestyi muitakin ihmisiä, jotka kuitenkin meidät nähtyään palasivat takaisin tulosuuntaansa varjoihin.

Tiesin meidän kyllä olevan omalaatuinen näky, mutta tajusin kyllä ihmisten väistävän vain tuota leijonaa eikä suinkaan meitä tai minua. Ja tiesin kyllä myöskin miksi, mutten välittänyt siitäkään. Halusin vain päästä tämän maratonmaisen kaupunginosan läpi ja pois tyttöni luo."

Toinen nuotio, kuudes hetki

-Minä tulen basaareiden eteläpuoliselta alueelta, joka tunnetaan teillä myös Jerky parkina.

-Mikä sattuma ! Niin minäkin ja saisinko muuten korjata, että alueen alkuasukkaat eivät koskaan kutsu kulmiaan Jerky parkiksi, joten ei sitä hyväksytä ulkopuolisiltakaan. vaan yleisin paikallisten käyttämä nimi on yksinkertaisesti "suburbia", mikä taas sopiikin epämääräisyytensä puolesta sille varsin hyvin..

Jerky park oli tunnettu alue, josta saattoi sanoa että se heräsi kuolemaan joka ilta. Tai siis heräsi ensiksi elämään totta kai, mutta jos ja kun elämän tarkoitus oli romanttinen rock'n roll-kuolema -oma tai toisten- niin tiesi varmuudella olevansa jerky parkissa.

-Nopeasti katsottuna siellä näki vähän kaikkea ja kuin sekaisin sinne tänne heitettynä: kerrostaloja, varastoja, omakotitaloja, onttoja halleja ym. ym.

-Ja samaa saattoi sanoa myös alueen ihmisistä: elämän toistossa aina pettyneitä naisia, sukupuolettomia pikkuhuoria joka makuun sekä väsyneennäköisiä perheenisiä ja miehiä, joita ainoastaan himo kontrolloi. He kaikki olivat vähän kaikesta sekaisin.

Sähköt toimivat siellä aina silloin tällöin, sama ongelma oli tosin vaivannut aluetta jo ennen onnettomuuttakin.. Vanhoja ristinmuotoisia sähkötolppia jokaisella kadunsivulla ja niistä vedettyjä sekalaisia piuhoja ja vaijereita aivan kuin symbolisesti luomassa omaa ja persoonallisen talokohtaista kytkentää johonkin korkeampaan voimaan..

Sivu neljä jatkoi samaa outoa tarinaa, outoa mutta silti luettavaa:
"Aina pysähtyessäni syömään tai muusta syystä näin leijonan katoavan omille teilleen, ilmeisesti oman ruokansa perään tai sellaista ainakin oletin, koska yleensä se vaikutti kylläiseltä eikä edes koskenut ruokaan, jota yritin aluksi tarjota myös sille.
En myöskään voinut olla varma, mutta naiivisti arvelin sen saalistavan itselleen muita eläimiä tai mitä nyt leijona kaupungista voisi itselleen löytää.
Olimme kulkeneet taas useampia tunteja hitaasti eteenpäin ilman taukoa, kunnes pysähdyin suurehkoon risteykseen hetkeksi juodakseni vähän. Katukivetykselle istuutuessani leijona katsoi minua hetken ja katosi taas kerran jonnekin kulman taakse. Kun sitä ei kuulunut takaisin, päätin lepuuttaa jalkojani vielä tupakan verran ja sytytin yhden."

-Eteläisemmän sijaintinsa tähden jerky parkissa näkee monesti enemmän ja useammin onnettomuuden vaikutuksia ja seurauksia kuin vaikka pohjoisen alueilla. On enemmän ja runsaammin romahtaneita ja savuisiksi kärähtäneitä rakennuksia.. .ja sama pätee myös moniin alueen ihmisiin. Riittihän alueella persoonallisuuksia ennenkin ja muutenkin, mutta viimeaikoina sinne on myös alkanut kerääntymään jostain muualta tulleita erinäisiä ryhmiä joista kukaan ei tuntunut tietävän saati sitten pitävän. Yhtä näistä ryhmittymistä kutsuttiin yleisesti "nyljetyiksi", koska he ensiksikin näyttävät niin paljon juuri siltä ja toiseksi koska he eivät näyttäneet ymmärtävän tai välittävän muiden puheista niin heitä saattoi kutsua miten vain. Näkyy niitä muuten olevan täälläkin jo..
-Niillä kaikilla on aina sama outo toljotus silmissään ja katseissaan ja suut aina avonaisina jatkuvasti huuliaan lipoen, jotka näyttivät jotenkin kiristyneen tai ehkä sitten kutistuneen.. Kaikkien hiukset harvenneina tai sitten jo pudonneina ja heidän läpikuultava ihonsa kaikkineen vaikutti ja sai heidät näyttämään -aivan oikein-nyljetyiltä.

-Harvat muuten tuskin yleensäkään ymmärtävät heitä, paremminkin heitä vain siedetään.

Ja vaikka heistä liikkuu vielä kaupanpäälle monenlaisia käsittämättömiä juoruja liiallisesta säteilystä hulluuteen ja nekro-kannibalismiin niin silti heitä siedettiin kuten melkein kaikkia muitakin jerky parkissa majailevia. Nämä tyypit eivät olleet ensimmäisiä eikä viimeisiä pitkässä ketjussa, joka yhdisti jerky parkin menneet ja tulevat rampautuneet mielipidepakolaiset.

-Etenkin aiemmin oli ollut kaikenlaista liigaa ja ryhmää, joilla oli ollut joku pakonomainen tarve ilmentää haluaan ja oloaan "järjestäytyneen yhteiskunnan" ulkopuolella ja yleensä ne ilmaisivat tätä ulkopuolisuuttaan ja niinsanottua vapauttaan yhteiskunnan normeista tarkoin määritellyillä pika-tribaaleilla sekä vaatetuksellaan.

-Huvittavaksi asian veti heidän vanhanaikainen rock'n'roll-vapaudenkaihonsa, joka vei heidät ryhmiin joissa vain tietynlainen outlook ja puhe olivat hyväksyttyjä..

-Eli siis paljon tarkemmin kontrolloituihin yhteisöihin kuin jo edesmennyt "yhteiskunta".

-Tämän kaiken vaivan he näkivät hymyssä suin ja koskaan valittamatta, kun taas vaikka ns. "järjestäytyneen yhteiskunnan" aikoinaan pystyttämät liikennevalot (tai edes niiden noudattaminen) loukkasivat verisesti heidän yksilönvapauttaan tai jotain..

Eli mitä siis jerky parkin rockin'roll-painajaisesta saattoi sanoa muuta kuin sen, että kyllä sinne aina vielä joukko nyljettyjä mahtui sekaan.

-Mutta vaikka olisi ollut kuinka suvaitsevainen tai monipuolinen, niin kenen tahansa täytyi myöntää ettei halunnut törmätä nyljettyjen ryhmään pimeän aikaan tai yleensäkään yksin. Ja päivisinhän heitä ei yleensä näkynyt missään..

"Sivu 5..täytyisi varmaan ehtiä hoitamaan nää locksitkin taas joskus.. Kesken poltteluni kuulin sivukadulta huudon, joka katkesi samantien kesken. En varmastikaan olisi kiinnittänyt siihen huomiota, mutta se tuli juuri suunnalta mihin leijona oli kadonnut ja jotenkin vain vaistosin näiden liittyvän toisiinsa.

Lähdin äänen suuntaan näkemättä mitään ja kuljettuani eteenpäin melkein puolen korttelin matkan olin jo aikeissa kääntyä takaisin kun satuin vielä katsahtamaan vielä eräälle sivukadulle. Ja nähdessäni siellä sekä leijonan että tiikerin sulassa sovussa raatelemassa juuri tappamaansa ihmistä tajusin koko kuvion juonen. "

-Minä ja kaverit alettiin sit valua parkista tänne etelään ja jouduttiin keskustan suurelle puistobulevardille, jolla oli aikoinaan ollut jokin hienokin nimi mitä kukaan tosin ei enää muistanut tai sitten halunnut muistaa. En tiedä.. .sama se.
Nykyisin se paikka tunnetaan joko boothill-bulevardina tai vain saapasmäkenä aina puhujasta riippuen kumpaa nyt kukakin käytti..
-Kuitenkin, jos keskusta oli kaupungin sydän niin tämä puistobulevardi oli sen päävaltimo. Tämänhän nyt tiesivät kaikki.

-Vanhoina aikoina ihmiset olivat saapuneet keskustaan ja sen kortteleihin pelkistetysti sanottuna kuluttamaan, ts. ostamaan hetkellistä onnellisuutta itselleen vähillä rahoillaan. Tapahtumasta käytettiin markkinoinnissa myös nimitystä (jälleen kerran) yksilöllisyys.
 -Se oli itse asiassa huvittavaa aikaa, koska rahaa ei koskaan ollut tarpeeksi suureen, pysyvään onneen eikä pieni onni taas kestänyt riittävän kauaa kelvatakseen kenellekään joten ihmisten oli palattava sinne aina uudestaan kuten kunnon addiktit.
 Tilanne nykyään jatkoi periaatteessa samaa kaavaa, mutta ainoastaan riisuttuna turhista soidinmenoista, aina illasta riippuen paikan mainos- ja katuvalotkin toimivat silloin tällöin melkein kuin silloin ennen..
-Moi älymystö katso tätä..
Todellisuudessa entiseen verrattuna se oli yhtä eläinten yötä joka kerta ja joka yö, eikä se suinkaan johtunut entisen eläintarhan läheisyydestä.
-Hei runkkutumppu paksupuntti, osta tästä ja kukaan ei..
Maksukaduilla kulkiessaan löysi aina kauppiaat ja normaalidiilerit kadun vasemmalta puolelta ja oikealta puolelta taas kauniit, mutta kielipuolet (ja sitä myötä tahattoman koomiset) ruumiitaan vuokraavat naiset.

-Tule tänne jos tuo sinulle mielenkiintoa !

Kaduilla myös kulkevat ja majailevat eläimet eivät yleisesti ottaen näyttäneet häiritsevän ihmisiä touhuissaan. Toisaalta, kun tottui kirahviin kadunkulmassa tai apinoihin valopylväissä niin pian niitä ei huomannutkaan.

Petoeläimet taas pysyttelivät useimmiten loitolla meluisista ihmisjoukoista ja etenkin valoista.

-..kaunis ulkonaisesti ja yritän olla myös sisällyksellisesti..

Täytyi olla vähintäänkin huumorintajuinen masokisti, jos mieli kohdata ja kestää bulevardin ja sen sivukatujen kauhean esityksen yhtä mittaa putkeen, tai ainakin se auttoi asiaa huomattavasti..

Mutta kyllä siellä vielä joskus halailtiin ilman rahaakin, vaikkakin kaikki kyllä muistivat ihmisen aina olevan ihmiselle ihmissusi ja elämän olevan lyhyt kuin persikka vaikka siitä kuinka nauttis, kuten siellä aina saattoi kuulla. Joten mitä siitä ?

"Halusin tappaa ne molemmat, mutta ammuin vain ylöspäin kummankin livahtaessa hetkessä paikalta. Tunsin itseni suurimmaksi hölmöksi, mitä tästä kaupungista löytyi ja palasin juosten pääkadulle. En enää jatkaakseni vaan paetakseni. Tyttöni oli siirtänyt surun sydämeeni ja nyt sinne pyrki pelko.

..olin kulkenut jo pitkälle yöhön ja olin väsynyt, en kuitenkaan voisi nukahtaa. Kuulin hämäristä varjoista molemmilta sivuiltani ääniä, joista tiesin leijonan sekä tiikerin seuraavan minua edelleen. Vasemmalta kuulin petoksen, oikealta nälän ja mietin kumpi niistä olisi nopeampi.."

Tajusin yhtäkkiä lukeneeni viimeisen sivun koko nipusta, tarina jäi kesken ja kaikki äänet mielessäni hiljenivät hetkeksi jatkuen sitten taas. Päätin vaihtaa taas nuotiota..

Kolmas nuotio, seitsemäs hetki

-Silloin kun vielä oli järkevää kulkea etelän sataman vene- ja kauppa-alueilla ei koskaan tiennyt etukäteen mihin siellä tulisi törmäämään. Taktisesti se sattui olemaan (ja sattuu vieläkin) lyhyin reitti kaupungin läpikulkuun vaakatasossa sekä samalla ehkä myös mielenkiintoisin kaikkien nykyisten henkisten mutaatioiden seuraamisen tai ymmärtämisen kannalta.

Mutta siellä pärjätäkseen kulkijalla täytyy olla todella vahva mieli, ne onnettomuudessa vapautuneet hyljeaineet muhii siellä vieläkin eikä se näytä enää hyvältä..

-Muistan yhden kerran, se oli yksi noita kesäisiä auringonnousun hetkiä, jolloin kaikki vain tuntui olevan just silloin siellä, jos ymmärrät. Ja missä oli kaikki niin sieltä löytyi silloin tietenkin myös kapteeni. Tiedäthän sä kapteenin ?

(Kapteeni oli kestojuopunut ehkä entinen jahdinomistaja tai ehkä pakolainen mutta ainakin sataman suurin nähtävyys, joka kerta toisensa jälkeen jaksoi ja kertoi omaa tarinaansa kaikille kuulijoille sataman lokkien naispuolisuudesta ja saman pätevän myös lähestulkoon kaikkiin sataman kautta kulkeviin muka-naisiin..
Kapteeni pyörätuoleineen oli siis alueen julkkis. Kaikki plus ne, jotka eivät edes olleet tavanneet häntä tiesivät hänet kyllä. Hänen ikäänsä oli vaikea päätellä viivottuneista kasvoista tai päättelemättä hän saattoi olla käytännössä minkä ikäinen vain ?
Pyörätuoli tietysti yleensä vei ensihuomion, seuraavaksi saman teki hänen vasen kätensä joka päättyi ranteeseen. Kämmenen ja sormien tilalla oli elokuvatyyliin jykevä metallinen paksu koukku. Sopi tietysti kliseisesti satamaan paremmin kuin hyvin..
Mutta sama juttu löytyi myös oikeasta jalasta eli sekin päättyi kesken suoraan siihen, missä nilkan olisi kuulunut alkaa, mutta jatkeena alhaalla ei ollut mitään. Eli rullatuoli tuli todella tarpeeseen.
Kellään ei myöskään tainnut olla täyttä varmuutta siitäkään, oliko kyseessä oikea kapteeni vai esittikö hän vain sellaista ? Mistä hän oli tänne tullut vai oliko hän yksinkertaisesti vain aina ollut täällä ?

Toiset tiesivät hänen paenneen kaupungin satamaan läheiseltä kahlesaarelta, jonka saattoi nähdä satamasta selkeällä ja jossa oli aiemmin sijainnut mielisairaala. Samalta saarelta löytyi myös tosin armeijan tukikohta, joten nimitys kahlesaari saattoi olla seurausta kummasta laitoksesta vain..

Tuosta saarestakin kulki monenlaisia tarinoita joka lähtöön, huhuja sotilaallisista hulluista hulluihin sotilaisiin ja marssiviin hulluihin, täyttä varmuutta ei taaskaan ollut kellään.

Yleisesti useimmat kuitenkin arvelivat jonkinlaisen kahden laitoksen fyysisen risteytyksen siellä tapahtuneen.

Eli jos kapteeni jostain oli saapunut niin sen melkeinpä täytyi olla juuri kahlesaari. Sehän myöskin selittäisi osaltaan nuo hänen "amputaationsa".)

-Seuraavaksi samalle kadulle sit ilmestyi kolme hilpeänoloista nunnaa, joista ainakin kaks oli selkeesti entisiä sistersejä. Aikamoinen muutos jos sillai ajattelee, mut oisko ne sit nähneet valon tai jotain vastaavaa ? Enkä mä tarkoita mitään majakkaa..

Kai ne sattuivat vain läpikulkumatkalle taas kerran mut ainakin näyttivät iloisilta siinä kulkunsa aikana ja rahoja laskeskellessaan.

Ja tottakai kaiken todennäköisyyden mukaan kapteenin oli pakko joskus törmätä tyttöihin siellä rullatessaan, ja totta kai se myös lopulta myöskin tapahtui.

Mä olin siis samalla kadulla tuona aamuna kenties ainoana noiden lisäksi eikä sitä kohtaamista seurannutta näkymää voi unohtaa, olen kyllä yrittänyt.

-Asiaan. Kaunis kesäinen aamuyö ja nunnat matkasivat taas kerran hilpeinä pälpättäen kadunsuoraa eteenpäin. Ja yhtäkkiä varjoista sivulta rullaa kapteeni eteen samalle kadulle, pysähtyy ja istuu vinosti tuolissaan aloittaen hämmentymättä jonkun ihmeellisen lokkien "kutsuhuudon" mihin taas nää naiset vastasivat hänelle lempeästi yhdellä monin eri tavoin ymmärrettävällä riettaalla yhteislaululla.

Siitähän kapteeni taas riemastui entisestään ja pyhäpuku päällään levitti ohuita "siipiään" jatkaen kutsuhuutoaan nunnien myötätuntoisesti tanssahdellessa rivosti ja hitaasti ohittaen ramman ja nauravan "jahdinomistajan" pyörätuolin..

-Aamuauringon noustessa sataman ylle se hetki oli jotenkin hellyttävä ja antoi uskoa tulevaan päivään, ei ehkä pidemmälle mutta ainakin sille päivälle.. .ja anyway, olisihan huomista varten taas uusi aamu myös satamassa, vai ?

Jälkeenpäin ajateltuna se hetki vaikuttaa kauneudessaan vieläkin niin epätodelliselta, vaikka aina väliin koko kaupunki tuntuu monesti kaiken epätodellisen alkulähteeltä. Noista kapteenista ja nunnista mulla ei sinänsä ole enää varmuutta olivatko ne todellisia tai kulkevatko he siellä enää silloin tai tällöin yhä edelleenkin, vaiko sitten aiempia henkiä jotka katoavat aina täältä auringonnousuun, kuten alemmat henget yleensä ?

Marian jatkot

Siitä oli jo aikaa. Ajat, jolloin viimeksi tunsin olevani elossa ja samalla aika, jolloin taas tunsin kuolleeni. Ajat, jolloin elimme symbioosissa toistemme kanssa syömättä, juomatta tai edes nukkumatta.

Silmät avoimina ruumis hyvänolontunteen täyttämänä, pehmeämmässä vaaleanpunaisuuden maailmassa kokonaisuuden ollessa vain "think pink".

Kunnes kyllästyttyäni taas jäin yksin vai jättäydyinkö vain ? En muista ja lopputuloksen kannalta se oli yhtälailla sama. Olin yksin. Yksin itserakentamassani liian ahtaassa kopissa,

raapien ja itseäni kiroten mielipuolisten ajatusten valvottaessa minua. Sairasta.

Toki yritin kaikenlaisia ja useitakin korvikkeita, mutta se ei ollut enää samalaista vaaleanpunaisuudenkin jo muututtua etikkaiseksi verenpunaisuudeksi.

Kiitos Dr:n (taas kerran) kohtasin lopulta jälleen jotain uutta, jotain paljon parempaa kuin mikään aiemmin kokemani. Jotain jonka edessä tunsin outoa, ujouden kaltaista nöyryyttä. "Ei siis niinkö sillai et mä en haluis" Siitä oli tosiaankin kulunut jo liikaa aikaa.

Se vaati aluksi totuttelua, aina ensiksi se löi tajun kankaalle, mutta pienen testailun jälkeen alkoi ymmärtää mistä siinä oikein oli kyse. Maria tyhjensi konjakkilasinsa.

..sistersiä oli ehkä aluksi pidetty modernina amatsoniryhmittymänä, joka piti yllä elintasoaan aktiivisesti huoraamalla ja ryöväämällä asiakkaitaan sekä etenkin sellaisiksi kelpaamattomia.

Heitä pyrittiin välttelemään erään vanhan juorun perusteella jonka mukaan sistersit olivat joukko tunnekylmiä psykopaatteja, mikä sinänsä oli naurettava ajatus kenelle tahansa sistersejä vähänkään tuntevalle.

Mutta niin kuin ihmiset aina keskinkertaisuudessaan uskoivat mieluummin juorua, jonka uskominen varmasti jotenkin kiihottaa heidän arkista keskipakoisuuttaan aina enemmän kuin itse totuus.

Sisterseillä nyt sattui vaan olemaan himoa ja reilua raivoa vaikka muille jakaa ja niitä tunteita he myös levittivät ja   auliisti jakoivatkin ympärilleen. Toisinaan maksusta ja toisinaan ilmaiseksi. Siis kuinka muka "tunnekylmä" ihminen nyt voisi jakaa tai edes luoda moisia tunteita, eihän sellainen ole edes mahdollista ?

Laskin lasin pöydälle ja tunsin sen alkavan taas, käsivarsista rintoihin ja vatsasta jalkoihin, päästä kasvoihin antaen hymyn kaikkivoipaisuuden nopeasti vallata aistini. Suloinen tuska, joka muuttaa minuutit tunneiksi ja minuuden toiseksi.

Kouraisu vatsassa jatkui reisiin asti, HALU. Ensikerrasta saakka lisää, AINA. Kaiken muuttuessa paremmaksi, KOKO AJAN. Aivan kuin löytäisi taas sen, minkä on jo luullut kadottaneensa.

Jokaisen pitäisi kokea tämä kerran joskus, tuskan ja mielihyvän samankaltaisuus ja tarttua hetkeen eikä paikkaan. Antaa etäisyyksien hämärtyä, mennä mukana ja antautua vietäväksi tilanteesta toiseen ja portaita ylöspäin, ainakin valtaosin.

Jos tämä oli sitä mitä varten elää, niin tahdoin enemmän.

Useimmilla meno alkoi sekoittumaan liikaa vasta liiallisessa hiljaisuudessa tai sitten liikakaahauksessa. Sopiva meno koko ajan olisi ollut hyvä balanssi, mutta harvat sitä pystyivät jatkuvasti ylläpitämään.

Siis kaikkeenhan tottuu ja kun sopivaan menoon tottuu ja turtuu niin ei se menolta enää pian tunnukaan ja silloinhan sitä melkein automaattisesti aina lisää vähän kierroksia..

Varmana ihmisen halusta yhteyteen jonkin suuremman ja kokonaisvaltaisesti laajemman kanssa kelluin mielihyvässä täysin tietoisena ettei reitti sinänsä ole tärkeä, vaan päämäärä. Ja mä olen lähellä sitä, tosi lähellä..

Maria kaatoi itselleen uuden lasillisen silmäkonjakkia.

Hiljaiset dhikrit

Jos ajattelisi ihmiselämää täällä pelkistetysti matkana piste aasta piste beehen ja kaikkien kulkevan sitä matkaa suoraan tai useampien mutkien kautta, mut kuitenkin matkana jonka kaikki joutuu kulkemaan, niin näkynä se olisi varmasti verrattavissa suurempaan virtaan tai kansainvaellukseen jossa kaikilla on sama päämäärä. Ja melkein kaikilla on kiire.

Ihmisiä ryhmissä ja yksin, pyörillä tai jalan, nauraen ja laulaen tai pummilla junassa hiljaa kiroten. Ja vaikka toiset täyttävät tehtävänsä täällä nopeammin kuin itse elämänsä, joutuvat hekin jatkamaan perille asti pisteeseen Bee niin kuin muutkin matkalaiset. Henkien ei nyt tosin tarvitse enää taivaltaa maanpinnalla..

Kuvittele siis suurta vaellusta alati pimenevän taivaan alla ja ylitsesi lentää jatkuvasti tuhoutuneita koneita loputtomasti henkiä mukanaan, kaikkia rotuja. Samoja ihmisiä, jotka ohitit ajat sitten ja jotka jo luulit jättäneesi pysyvästi kauas taakse.

Vastavirta, villivirta.. .kuka sitä mitenkin uskontokunnastaan riippuen kutsui niin sama kaiku on askelten, suunta on kaikilla sama. Joka päivä joku yrittää nopeuttaa matkaansa tappamalla itsensä ja aina joskus joku onnistuukin, mutta useimmiten kun joku alkaa ns. "kohota kohti ylempää virtaa" niin muut matkalaiset ryntäävät pelastamaan häntä takaisin maanpinnalle, takaisin luokseen. Ja tämän tehtyään he sitten vielä odottavat kiitosta..

Joka päivä sama kiire vaikka kukaan ei tunnu tietävän minkä takia, on vaan mentävä. Toiset löytävät tien jonka tuntevat omakseen tai ainakin luulevat tuntevansa. Toisilla taas ei ole tietä kengistä nyt puhumattakaan ja he jatkavat ojasta toiseen, mutta samaan suuntaan silti yhtäkaikki.

Joskus ehkä jonkun puoliso katoaa mutkan taa palaamatta enää, tai sitten äiti herää ilman lastaan ja jatkaa matkaansa yksin. Eikä kukaan jää suremaan toista, koska kaikki tietävät teidän tapaavan toisenne taas uudestaan viimeistään piste beessä.

Ja vaikka tämän näkevä näkeekin virran kulkemassa kaikkialla ja jatkuvasti, niin kaikki eivät kuitenkaan tahdo kulkea sen mukana. Monissa erillisissä paikoissa ja etenkin pohjoisen metsässä on yhä paikoilleen jääneitä virran kulkua seuraavia, toiset ihmetellen ja toiset kateellisina. Niitä entisiä nuoria joita koulutettiin ja valmistettiin siihen, mitä pitkään asti pidettiin väistämättömänä.

"..tulee kuolemaan, mutta te ette koskaan. Me emme koskaan voisi.. .sopimus ei sitä paitsi päde öisin. Virallisesti ja päivät kyllä, silloin hymyilkää ! Yö taas on teidän.. .silloin kostakaa.. .älkääkö antako sen loppua. Meidän takiamme !"

Se oli kuin olisi vienyt uuden tyttöystävän ajelulle ja valinnut reitin, jossa ei ollut risteyksiä tai pysähtymismahdollisuuksia.

Näin jälkeenpäin ajateltuna ei oikeastaan ollut minkäänlainen ihme, että spontaanisuuden puutteessa useimmat senaikaiset seurustelut päättyivät nopeasti eroon tai sitten avioliittoon.

Eli kukin tavallaan..

Opetusten toteutumista odottaen he seuraavat virran kulkua yhä sivusta katsoen. Hermonsa ja uskonsa menettäneinä toiset olivat jo antaneet periksi ja liittyneet virtaan (ylempään tai alempaan), mutta suurin osa heistä oli uskollisesti edelleen paikoillaan.

Ja he katsovat sivusta kokematta silti itseään sivullisiksi. Luvattua aikaa ei tosin vieläkään ole tullut, mutta ehkä vielä.. .ja valmiit pelastuisivat.

"Ja kunniakkaampaako ois.." odottaessaan he eivät edelleenkään tee mitään pysyvää, joka kuitenkin tultaisiin tuhoamaan ajan koittaessa. Eivät rakenna tai harrasta pysyviä liittoja, eivät lapsia tai yksinkertaisesti mitään. Päivät kuluvat virtaa seuratessa sekä opetettua odottaessa.

Heitä kutsutaan "hiljaisiksi dhikreiksi", vaikka paremminkin sopisi "elämän ohittamat". Olen yksi heistä ja jokainen uusi aamu on uusi kidutus minulle virran taas kerran houkutellessa. Onneksi olen jo kohta vanha..

Haika

-Toitsä mitään ?

-Toin toin, ruokaa niinku pitikin.. .vai olittekste huolissanne heh heh ?

-Anna tänne äläkä virnuile siinä, täs on kummallakin tajuton hinku jo.

-No siinä. Kai teil on jotain juotavaa ? Voi nimittäin olla parempi valvoo tää yö,
tuol on joitain outoja tyyppejä liikkeellä.

-Hoida sä tota tulta, me safkataan ekaks..

-Hei ! Hoidatsä sitä notskii vai et ?

-Pää kii, mä kuuntelen jumalaa.

-Ai päässäs, vai et kai sä tota takomista tarkota ? Tota samaa sä saat kyllä kuunnella
vaikka joka yö jos haluut.

-Noi on jumalan rummut ja jumalan ääni ja mä kuuntelen niitä et pidä turpas kii !

-Ai jumala, joo. Sä olit täysin oikeessa kun sanoit tänä yönä outojen tyyppien olevan
liikkeellä. Toi rumpujätkä on yks tosi outo tyyppi ja se hakkaa noita rumpuja joka
helvetin yö niin et monesti on pakko hoitaa itseltään taju pois jos haluu nukkuu.

-Jos sä et ole hiljaa niin mä voin hoitaa sulta tajun pois vaikka heti..

-Kato vanha pasifisti uhkaa käydä päälle, sähän taisit kuulua siihen non violence-
järjestöönkin vai ootsä jo hukannu jäsenkirjas ?

-Okei okei, unohda toi äskeinen. Mut mä haluun kuunnella, tajuutsä ? Jumalaa.

-Toi rumpalityyppi ei oo sen kummempi jumala kuin mekään. Mä tiedän miten toi
koko homma alkoi, mä kuulin sen äijältä joka asui ton paukuttajan kanssa.

-Mitä sä oikeen selität ?

-Toi jätkä hakkaa noit rumpujaan kuitenkin viel ties kuinka kauan, et kuuntele hetki
mua niin mä kerron sulle.. siis okei.. .se äijä kertoi mulle näin:

"Suuren onnettomuuden aikoihin Haika oli noin kahdeksanvuotias, mutta piti tuota päivää myöhemmin elämänsä ensimmäisenä, koska ei muistanut mitään ajasta ennen sitä. Itse onnettomuuden ja kaiken sen jälkeen tapahtuneen hän muisti kyllä, hän muisti tulen ja äänet ja kaiken.. .sen jälkeen.

Haika oli herännyt tuskissaan ihmisiä täynnä olevassa saunamaisessa kellarissa, havaiten olevansa sentään jotakuinkin kunnossa muutamia ruhjeita lukuunottamatta. Monet muut ihmisistä taas eivät olleet yhtä onnekkaita ja valitus ja vaikerrus täytti kellarin. Hän mietti mikä oli saanut tämän kaiken aikaan ja mikä ja missä tämä kellari oikein oli ?"

-Tää mun tuttu, tää mies josta mä puhuin oli ollut samassa kellarissa ja siellä ne tapas ensi kertaa. Tää oli istunut Haikan vieressä ja kun se oli kysynyt tän nimee, niin tää jätkä oli vaan aukonut suutaan ääntäkään päästämättä, niinkuin joku kala ja sitten sulkeutunut takaisin omiin mietteisiinsä.

"Haika ajatteli ääntään ja etenkin sen puuttumista. Oliko hän osannut puhua aiemminkaan vai oliko kaikki tapahtunut vasta nyt ? Ja jos hänellä oli ollut ääni, niin millainen se oli ollut ? Hän muisti päivän aikana kuulemansa äänet, ihmisten huudot ja.. .oman halunsa huutaa! Mutta oliko hän huutanut tai edes puhunutkaan koskaan, sitä hän ei muistanut. Hän muisti tulen ja äänet, sen kaiken paljaan pelon ja.. .eikä mitään sitä ennen.

Seuraavan päivän hän vietti kaupungin kaduilla kulkien katsellen jäljelläolevaa kaupunkia, niinkuin valtaosa muistakin eloonjääneistä. Hän oli kulkenut etsien jotain tuttua tai jotain minne hän tuntuisi kuuluvansa, etsien jotain mikä palauttaisi hänen muistinsa, mutta turhaan. Niin monet kadut ja ihmiset olivat näyttäneet tutuilta ja samalla niin oudoilta, ettei hän yksinkertaisesti voinut olla varma. Eikä kukaan näyttänyt kaipaavan saati sitten huomaavankaan nuorta poikaa, joka ei puhunut mitään.

Kadut ja talot olivat kaikki täynnä ääniä, aivan kuin jokaisella elossasäilyneellä ihmisellä olisi ollut jokin outo primitiivinen tarve ilmoittaa olemassaolonsa juuri äänellään. Kaikkialla vain ihmisiä ja ääniä.. .tuona päivänä Haika ymmärsi ettei hän löytäisi täältä enää mitään."

-Nää Haikan ajatukset ja muut tuli tutuiks tälle miehelle vasta sen jälkeen kun se oli opettanut Haikan kirjottamaan ja..

-Voisitsä käydä jo asiaan, mä en jaksa kohta enää kuunnella.

-Tää on kohta jo perimätietoa, eikä mitään kirjasarjaa! Mä joko kerron tai en ?

-Onneks täs on yö aikaa, no kerro nyt mut lyhyesti, okei ?

-No niin..

”Lähdettyään kulkemaan kohti pohjoisia esikaupunkeja Haika kohtasi tuon kellarissa tapaamansa miehen uudestaan ja he päätyivät jatkamaan matkaa yhdessä. Pohjoisilla kukkuloilla vaeltaessaan he osuivat oviaukolle, josta avautui tie kiveen louhittuun väestönsuojaan ja he päättivät jäädä sinne ainakin joksikin aikaa.

Itse suoja oli yhtä suurta halkeamaa lukuunottamatta kunnossa, siellä oli yhä toimiva vesijohto sekä joitain työkaluja, musiikkivahvistimia sekä rummut. Miehen tarkastellessa työkaluja Haika tuijotti haltioituneena rumpuja tajuten vihdoin löytäneensä jotain millä hän voisi saada toiset ymmärtämään itseään.”

-Ekoina viikkoina tää tyyppi ei tahtonut paremmin sietää kuin ymmärtääkään sitä lähestulkoon jatkuvaa paukutusta, minkä mä voin hyvin ymmärtää, mutta sen oli kuitenkin myönnettävä Haikan edistyvän nopeasti vaikka jotkut sen rytmeistä vaan kuulosti tosi omituisilta. Ja tätä jatkui päivästä toiseen kunnes se yhden kerran ymmärsi, että Haika ei yrittänytkään ainoastaan soittaa rumpuja vaan kommunikoida ts. puhua hänelle niiden kautta. Kommunikoida rummuilla !

Ja samassa tää ystävä tajusi ettei se ollut tähän mennessä edes tsekannu, osasko Haika edes lukea tai kirjoittaa ? Hän oli vain hyväksynyt toisen puhumattomuuden ja tyytynyt siihen, että tämä näytti sentään ymmärtävän hänen puheensa. Ja kun Haika lopetti rummutuksensa, mies kaivoi repustaan esiin kynän ja paperia.

Haika osasi kirjoitaa vain muutamia sanoja ja niitäkin jotenkin vaivalloisesti, mutta hän päätti opettaa Haikaa kirjoittamaan ja lukemaan kunnolla. Kirjoittaminen olisi kuitenkin käytännöllisin tapa kommunikointiin puhumisen jälkeen.”

-Ja päivät kuluivat Haikan opetellessa kirjoittamista miehen taas vaeltaessa kaupungissa ruokaa hankkimassa ja aina palatessaan hän kuuli tutun rummutuksen aina kukkuloiden juurille saakka, joka kerta.

Kerran paluumatkalla hän luuli seonneensa kuullessaan taas kerran nuo rummut, mutta koskaan aiemmin niiden ääni ei ollut kantanut näin pitkälle kaupunkiin saakka.

Peläten jotain pahaa tapahtuneen hän juoksi kohti kukkuloita ruokaa sylissään, rummutuksen voimistuessa koko ajan mitä lähemmäs hän ehti.

Päästyään lopulta paikkaan, missä kukkulat alkoivat hän näki paikalle kokoontuneen ihmisiä, jotka tuijottivat ja osoittelivat kukkuloiden suuntaan uteliaina mutta uskaltamatta silti lähteä ylöspäin ääntä kohti.

-Seistyään hetken aikaa ihmisjoukossa tää mies sai hyvän idean ja astui muutaman askeleen väkijoukosta eteenpäin., asetteli mukanaan olevat ruokatarvikkeet maahan, laskeutui polvilleen niiden eteen ja alkoi kumarrella rummutuksen tahdissa. Muut paikallaolijat ei näyttäneet oikeen ymmärtävän, miten suhtautuu tähän tyyppiin ja sen palvontanäytelmään. Ja se jatkoi tätä kunnes muut lähtivät paikalta, vasta sitten keräsi ruoat ja aloitti nousun luolaa kohti.

Luolaan päästyään mies näki Haikan keränneen paikan vahvistimet, joitain piuhoja.. .ja yksinkertaisesti mikittäneen rummut, eikä tämä näyttänyt olevan milläänsäkään kaikesta äänestä ja sen määrästä. Ei sitten vähääkään. Tällä menolla he olisivat kohta yhden mykän ja yhden puhuvan sijaan kaksi kuuroa, ja hän viittoi Haikaa lopettamaan.

-Itse luolan sortuma oli sattunut hyvin sikäli, että sen kautta saattoi katsella kaupungin suuntaan tulematta itse kuitenkaan nähdyksi ja mies kuluttikin usein aikaansa lähiympäristöä tarkkaillen.

Ja seuraavana aamuna hän näki, mitä oli saanut aikaan eilisellä tempullaan eikä ollut aluksi uskoa näkemäänsä. Siellä, missä hän oli pitänyt eilisen "shownsa" oli nyt ruokaa ja ihmisiä, jotka nyt kumartelivat heidän suuntaansa levittäen samalla lisää ruokaa ja jotain esineitä maahan kuin jonkinlaisina uhrilahjoina..

-Mies katseli ja odotti pimeän tuloon saakka, kunnes paikalla ei näkynyt enää ihmisiä ja vasta sitten lähti alas. Kerätessään paikallejätettyjä "lahjoja" hän tiesi heidän panneen alulle jotain, josta voisi tulla sekä elanto että elinkeino heille ja kuka tietää vaikka uskonto muille !

Hänen ei tarvitsisi tehdä muuta kuin vain yrittää kestää Haikan rummutusta ?

-Ja samat asiat toistuivat seuraavana päivänä ja joka päivä siitä eteenpäin ja joka yö mies kävi keräämässä ihmisten paikallejättämät "lahjat". Vaikka hänen ei olisi enää tarvinnut käydä itse kaupungissa ruuan takia lainkaan, mutta hän lähti sinne kuitenkin aika ajoin ja etenkin aina kun tunsi, ettei enää kestäisi rummutusta järjissään ilman taukoa.

Hän oli muutenkin alkanut pikkuhiljaa miettiä luolasta poislähtemistä pysyvästi, ilman Haikaa. Kaupungissa Haikan kaltaisen mykän, nuoren pojan selviytymismahdollisuudet olivat prosenttiluokkaa, mutta täällä taas Haika pärjäisi loistavasti ilman häntäkin.

Muutenkin, Haikan kirjoittamien asioiden perusteella hän oli jo ymmärtänyt ettei tällä muistamattomuutensa takia ollut enää mitään tunnesiteitä kaupunkiin tai muuallekaan.

Haika ei välttämättä varmastikaan koskaan lähtisi täältä, kun taas hän kaipasi kaupunkia ja siellä vielä olevia asioita päivä päivältä enemmän. Mennä kaupunkiin, vetää kunnon kännit ja unohtaa nuo helvetin rummut edes yhdeksi illaksi..

-Ja yhtenä yönä hän sitten sen teki, lähti eikä enää palannut. Mitään kertomatta tai selittämättä hän vain lähti, koska tiesi ettei Haika häntä ymmärtäisi.

Itse kaupunkiin palattuaan hän kuitenkin pian tajusi, ettei pääsisi eroon rummutuksesta täälläkään. Tarina uudesta "jumalasta" oli jo levinnyt kaupungissa eikä monikaan uskonut häntä tai tarinaansa siitä, mistä tuossa rummutuksessa itse asiassa oli kyse. Ihmiset pitävät vieläkin tätä mun frendiä jonkinlaisena pakanan ja rienaajan risteytyksenä, mutta mä tunnen sen ja tiedän ettei se omasta päästään tollaisia keksisi.

Joten ymmärrätsä nyt, miltä noi sun höpinät jostain "jumalan" rummuista kuulostaa ?

-..palaaks toi nuotio vielä ?

-Ihan hyvä tarina noin ajankuluks, paitsi että mä olen kuullut sen aiemminkin eikä se edes ole totta. Toi on vissiin aika yleinen tarina nykyään, ainakin teidän ateistien piireissä.. .mutta noi ! Noi on jumalan rummut ja jumalan tapa puhua meille, eikä minkään mykän jätkän paukutusta.

-Mä tiedän sen jätkän, oon nähnytkin sen monet kerrat ja se oli aika kaukana jumalasta. Vai oletsä nähnyt useinkin finninaamaisen jumalan ?

-Mä näin yhtenä päivänä tyypin, joka..

-Joojoo ja samaa paskaa ! Tää elämä ei oo enää hauskaa, ei etenkään nyt kun kaikki muutkin on niinkuin me. Mä olen elänyt aiemminkin näin ja nyt kun noi kaikki mun entiset irvailijat on samassa tilassa, niin kai mun pitäis tuntea jonkinlaista jälkiviisasta riemua, mut ei ! Ihan päinvastoin vaan !

-Sama juttu. Mä olen tullut tänne omasta tahdostani niinkuin säkin. Noi muut taas siks koska niillä ei ole enää mitään muuta mahdollisuutta.

-Mä olen kyllästynyt, vapauteenkin kyllästyy. Kaikki tää riippumattomuus ja... Vapauden pitäis olla jotain tavoiteltavaa, jotain minkä vuoksi elää eikä mikään pysyvä olotila. Jotain uutta ja muuttuvaa, sitä sen pitäis olla !

-Jos ei se jätkä kohta lopeta tota paukutusta niin..

-Noin ei puhuta jumalasta!

-..se mikään jumala ole. Mä vien sut sinne sen luo joku kerta, mä tiedän missä se pitää niitä purkkejaan. Mä venaan et mä nään ton tekopyhän ilmeen sun kasvoilla repeevän, häh ? Olitsä sanomassa jotain ?

-Sitä tyyppiä seuras leijona ja toisella sivulla tiikeri ja se vaikutti olevan aika sekaisin, väsymyksestä varmaan. Se antoi mulle nää paperit ja jatkoi eteenpäin. Hullu mikä hullu..

-Aamuyö ja toi yks vaan jaksaa..

-Ei täällä tätä loputtomiin jaksa, mä olen sitä mieltä. Pitäis löytää, tai paremminkin tehdä jotain uutta. Mä olen ajatellut jotain etäistä ja viileää, joustavaa ja dynaamista.. .valtaa ja vastuuta siis ! Mutta mun omilla ehdoilla, tietenkin. Meissä on eroa verrattuna noihin muihin !

-Mä melkein odotinkin sun puhuvan noin, vanha deeku. Mä itse aloin ymmärtää moraalia vasta ylitettyäni sen, tai sen rajat siis. Ja noi ääliöt.. .missä on nyt se moraali, josta ne aina jaksoi mulle paasata ? Mä voisin väittää tuntevani moraalia ja moraalittomuuksia nyt, noi juntit tuolla taas ei tunne enää senkään vertaa mitä ne aikaisemmin teeskenteli tuntevansa.

-Meillä on ja on aina ollut sitä, mitä ihmisillä täällä ei oo. Niillä ei oo tyylii. Ne, jotka osaa elää elää missä vain ja miten vain. Eikä asuinpaikalla tai jollain elintavoilla oo mitään tekemistä tyylin kanssa, sitä joko on tai ei. Se, mitä mä aion tehdä ja mihin lähteä on kaukana noista. Mä en halua elää tyylittömien kanssa.

-Kohta on taas aamu..

Juoksurasta

Kenelläkään ei näyttänyt olevan täyttä varmuutta siitä, mistä ja milloin hän oikein oli tullut. Hän oli vain ilmestynyt kaupungin katukuvaan ehkä pari kuukautta tai pari viikkoa sitten. ?

Vaikka kaupungissa ja sen kaduilla riitti jo valmiiksi monenlaista kulkijaa muutenkin, hän erottui silti yleiskuvasta selvemmin kuin muut. Aina hitaasti eteenpäin juokseva hahmo, epätasaiset ja rispaantuneet rastahiukset heiluen ja aina pientä laukkua oikeassa kainalossaan puristaen hän juoksi ilman paitaa hitaasti katuja pitkin ilman varsinaista selkeää suuntaa tai määränpäätä.

Hänen kasvoillaan oli useimmiten sama ilme, jonka vain harvoin nähtiin muuttuvan.

Monista hän näytti valppaalta ja neutraalin vakavalta, ei iloiselta tai surulliselta, toisista taas hänen kasvonsa näyttivät vihaisilta, uteliailta tai jotenkin jähmettyneiltä. Mutta silmistä kaikki olivat yhtä mieltä, hänellä ne näyttivät useasti liikkuvan nopeammin kuin jalkansa, aivan kuin hän olisi etsinyt jotakin tai jotakuta juostessaan ? Valtaosa hänet nähneistä piti häntä vain yksinkertaisesti hulluna.

Toiset taas tiesivät kertoa hänen saapuneen kaupunkiin tapaamaan ystävää (tai naistaan) ja joutuneensa ryöstetyksi ja samalla mukiloiduksi senverran pahasti, ettei kyennyt enää hahmottamaan nykyhetkeä tai -paikkaa. Toiset taas puhuivat muistinmenetyksestä.

Paikalliset antoivat hänen olla ja jatkaa juoksujaan, koska hän ei varsinaisesti häirinnyt ketään eikä myöskään näyttänyt kaipaavan kontakteja. Monet olivat sitä paitsi varmoja että hänellä täytyi olla jokin ase laukussaan, josta hän ei näyttänyt koskaan luopuvan, ei hetkeksikään. Oli vain paljon helpompaa antaa aseistettujen juoksijoiden olla ja juosta.

Uteliaisuutta silti herätti monesti vielä lisää se, että hän ei näyttänyt ainakaan omasta mielestään kulkevan yksin. Monet merkitsevät katseet, nyökkäykset, päänpudistukset (ja yksittäiset sanat) joita hän teki tai sanoi molemmille puolelleen antoivat vaikutelman kuin hän olisi keskustellut jonkun kanssa juostessaan.

Kukaan ei kuitenkaan nähnyt ketään hänen rinnallaan kulkemassa, hän näytti aina juoksevan yksin. Jotkut hiljaisista pitivät häntä profeettana, joka juoksi kahdessa rinnakkaistodellisuudessa samanaikaisesti ? Fyysisesti kahdessa, henkisesti vain yhdessä.. Heidän mielestään ainoastaan profeetta saattoi kyetä moiseen..

Niinä harvoina hetkinä kun hän ei juossut, hänet nähtiin istumassa ja lukemassa laukustaan kaivamiaan papereita.
Ja niin kuin valtaosassa asioista hänen suhteensa, kellään ei myöskään ollut hajuakaan mitä hän mahtoi rypistyneistä papereistaan lukea ?

Häneen saattoi törmätä missäpäin kaupunkia tahansa, oli sää tai kellonaika sitten mikä tahansa. Hän ei näyttänyt antavan sään tai minkään muunkaan jarruttaa itseään, tai sitten hän ei vaan välittänyt.
Yleisesti ihmiset arvelivat juoksemisen loppuvan siihen, kunnes hän löytäisi etsimänsä eli päämäärän, paikan tai henkilön. Mutta ajan kuluessa ja juoksemisen jatkuessa alkoi näyttää yhä selvemmältä, että hänen kohdallaan päämäärä ei suinkaan enää ollut etsityn löytäminen vaan paremminkin pelkästään itse etsiminen..

Pohjoinen suhde-epilogi

Jatkot, joihin me oltiin yöllä päädytty alkoi tuntua jo aika hyytyneiltä aamuyhdeksän aikoihin ja mä etsin Angelin, joka oli just parhaillaan selittämässä rakkauden kaavaa jollekin nuorelle naiselle, ja sanoin et lähettäisi jo menee.

Meidän kulkiessa sen itäisen kaupunginosan läpi kohti asemaa mä korkkasin mukaanottamani kaljan ja Angel oli tyytyväinen. "Siis eiks tää oo ok, aamu ja aurinko on jo päällä ja kohta taas kesä ja.." Angel vaahtos naureskelunsa lomassa ja mulle tuli mieleen se ilta, kun me tutustuttiin.

Angel oli pitkä tyyppi, reilusti yli 180, laiha ja nimensä mukaisesti kaunis, vaikka nimen se kyllä oli saanut siitä kun se oli aina riisumassa tai pukemassa kuvitteellisia siipiään joka paikassa, varsinkaan ovimiehet ei oikeen tuntuneet tietävän miten siihen olis pitänyt suhtautua. Ja kun sillä oli useimmiten mustat vaatteet ja täysin valkoinen pystyssäoleva tukka, niin ensivaikutelma saattoi kieltämättä olla vähän outo.

Monet piti Angelia jonain diivana tai sitten pukkina ja niin mäkin aluks tein, kunnes mä huomasin että huume, mihin Angel oli koukussa oli nimeltään rakastumisen alkutunne ja koska sitä ei voinut kokea yhden ihmisen kanssa kuin yhden kerran, ni Angel oli melkein aina etsinässä jotain uutta.

Suunnilleen samoihin aikoihin Angel taas huomas mun heikkoudet jotka oli samoja kuin Jasella, siis noita totheotherside-juttuja ja sillä oli aina hauskaa meidän kustannuksella.

Mut se meidän tutustuminen oli varsinaisesti tapahtunut Jasen kautta, joka esitteli meidät toisillemme yhdessä baarissa ja jätti meidät sitten muutamaks tunniksi kaksistaan. Ja siitä illasta lähtien meillä oli kulkenu kolmistaan tosi hyvin ja me ihmeteltiin et on tääki maailma, ja viel pieni sellanen.

Me saavuttiin asemalle ja mä katsoin Angelia kysyen samalla et oisko yhet mitään, ja Angel nauro taas ja sano et joo otetaan vaan, mut sit vaan yhet.

Asemaravintola oli onneks aamuisin aikalailla ihmisvapaa ja me, tall & beautiful niinkö Angel asian ilmas, saatais istuu rauhassa. "Taas yks päivä vähemmän, vai ?" Angel hymyili ja mä nyökkäsin takaisin.

Kun mä tutustuin Jaseen, mä tiesin. Siis on niinkö ihmisiä joista sä tiedät heti että mä tunnen ton, vaikka te tapaatte vasta ensi kertaa. Ja jos vielä toinenkin tuntee sen saman, niin se tunne on tosi vahva. Ja se oli tunne, kun mä aloin pyörii kimpassa Jasen kanssa.

Jase oli just täydellinen. Hardcore-nainen, joka osas ja halus pitää hauskaa kuitenkaan antamatta sen käydä luonteen tai ulkonäön päälle. Siis hyvin järkevä nainen ja hyvin riippumaton sellainen.

Niinku aina sielläpäin ollessani mä saatoin viettää aikaa Jasen luona niin paljon kun halusin, mut me ei kuitenkaan suunniteltu mitään yhteen muuttamista. Kummallakin oli oma elämänsä ja sit aina siinä välissä oli meidän elämä.

Mulla oli omat mielipiteeni elämästä ja kuolemasta, jotka mä myös useimmiten pidin omana tietonani tyyliin einiitäkukaantajuukuitenkaan, mut Jase vaikutti siltä että se vois ymmärtää ja sillä olikin melkein yks yhteen mielipiteet. Niinku et jos mä aloitin jonkun lauseen, ni Jase olis pystynyt sen lopettamaan. Mut vaikka me oltiin samaa mieltä monista asioista, niin oli tietysti sit asioitakin mistä taas ei oltu.

Mut me molemmat tunnettiin ja tiedettiin se, että kummallakin meistä oli jo useampia elämiä takanaan ja että tää ei ole ensimmäinen kerta kun me ollaan yhdessä. Että jokainen elämä oli kuin vuosi, joka on elettävä ja kuinka toiset sielut saattoi elää samoja "vuosia" useampaan kertaan, jäädä paikoilleen, että kaikki olisi kuitenkin kerran koettava jo ymmärryksenkin takia. Onnettomuuksista ja itsemurhista ja niiden yksisuuntaisuudesta, et sulla on matka joka on kuljettava ja jonka sä tulet kulkemaan vaikka sä tappaisit itses joka elämässä, ja vasta oikean lopun kohdalla olevasta täyttymyksestä.

Meillä oli yhteinen tunne niinkö pitkä matka olis pikkuhiljaa ja toivottavasti jo päättymässä ja me kaksi vanhaa sielua ei voitu muuta kuin kunnioittaa toisiamme, vaikka me tajuttiin myös että meidän olis vielä kerta erottava ennen loppua.

Ja yhtenä iltana texasissa, muutama kuukausi sitten, Jase näytti mulle et "Toi tuolla on yks mun kaveri, sen nimi on Angel ja sekin ajattelee ja tuntee niin kuin mekin".

Tuopit oli tyhjentyneet ja Angel rupes ihmettelemään mua, kun mä en puhunut mitään ja mä palauduin mietteistäni. "Lähetäänks jo herättää Jase ?" Angel kysyi ja mä olin samaa mieltä.

Jase makas sängyssään räjähtäneessä krapulassa oksennellen vähänväliä tyhjään koristesaviruukkuun yrittäen purkaustensa väleissä anella meiltä et "Tappakaa mut, tappakaa mut, mä en kesBRRÄÄÖYH!" mikä toive me kuitenkin jätettiin toteuttamatta ja mentiin kahville keittiöön.

-Eiks toi oo kuitenki parempaa ku uus elämä lihansyöjänä ? Angel vinoili Jaselle, joka oli vannoutunut kasvissyöjä.

-RRÄÄH ! kuului Jasen vastaus.

-Tai jos sulla onki vaan menkat alkamassa ?

-Vittu, Angel ! Kun mä.. .röyh täältä ni MÄ tapan SUT, ööh ! Jase raivos ja simahti sitten uudestaan.

 Me juotiin ne kahvit ja sovittiin et nukutaan välillä vähän ja mä heräilin vasta iltapäivällä Jasen vierestä, joka oli ilmeisesti paranemaan päin tai ainakaan se ei enää oksennellut. Angel nukkui tapansa mukaan olohuoneen sohvalla ja mä päätin keittää lisää kahvia ennen kuin herättäisin muut.

-Siis se ei oo niinkö mikään helppo tilanne. Et sä olisit vaan et okei, mä voin kyl häipyy tästä. Kylhän kuka vaan pystyy siirtymään kaaoksesta toiseen, mut jos se kaaos on sulla jo mukana ja tässä tapauksessa vielä mahassa. Mulla ainakin harvoin menee tollai.. Jase selitti mulle aamuista oloaan Angelin etsiessä siipiään olohuoneessa.

-..et sä voi silloin yrittää alkaa ratkomaan kaaoksen kaavaa, ei siihen pysty. Tai jos joku pystyis ni se ois rikas, se ois cash from chaos, Jase muisti vanhan punk-sloganin ja naureskeli.

-Silloin ei ole kiire syntyä, ainoastaan kuolla. Angel venytteli sanoja tullessaan keittiöön.

-Jos kuolee ni kuolee sit kans ajoissa, eikä mitään varaslähtöjä. Ethän sä mokiaskaan rupee ehdontahdoin tuplaamaan vai ? Kyl sen tietää sit kun se on, Jase mietti ja jatkoi:
-Joskus on vaan pakko päästää irti itsestään ja etenki omasta tietoisuudestaan ja siinä noi jutut jeesaa kyl vitun hyvin.
-Paitsi et mun päihteet on parempia ku teidän, Angel naureskeli samalla kiskoen kenkiä jalkoihinsa.
-Mun täytyy käydä siellä viimeöisessä paikassa vielä, mulla jäi sinne jotain. Mä käyn vaan ja tuun samantien takas, sopiiko ? Ei siin mee kauaa, onks mun siivet muuten hyvin ? Angel poseeras meille rinta kaarella.
-On on, totta kai. Me vakuuteltiin ja Angel lähti tyytyväisenä.

 Päivä oli ehtinyt jo iltaan eikä Angelia kuulunut takaisin ja me oltiin jo valmiita vaikka lyömään vetoa, että se on tietysti tehnyt taas pakkolaskun jonkun naisen sänkyyn tai vastaavaa, eikä varmaan tulis ennen huomista takaisin. Ja koska edellisiltä oli ollut tarpeeksi rankkaa, niin me otettiin rennosti sängyssä maaten ja jutellen.
-Ootsä huomannu että Angel taitaa olla jo pidemmällä kuin me, ainakin jonkun verran. Ihanku se jo heittäis viimeisiä kierroksiaan niinkö venais enää täyttymystään. Mut se ei taida vaan vieläkään tietää et miten ? Jase jutskaili mun poltellessa.
-Tarkoitatsä että sen ei pitäis aina lähtee, et se voi olla jo löytäny sen vaikkei se sitä vielä tietäiskään ? Mä en täysin ymmärtänyt Jasen pointtii.
-Just niin, Jase jatkoi. -Mieti ny mitä tapahtuis jos Angel vaikka rakastuis meihin, nyhtäiskö me sitä enää sen jälkeen ? Kun se rakastuu niin sen pitäis jäädä eikä lähtee karkuun, niin sen ympyrä olis täysi ja se olisi valmis. Mä kyllä toivoisin että se löytäisi jonku jonka luota se ei haluis lähtee ja Angel kyllä tietää että maailman vaihtaminen ei enää tässä vaiheessa auta enää ketään tai mitään..

 Mä aloin ymmärtää mitä Jase tarkotti ja mä ajattelin et jos se olis Angelin täyttymys, siis jos Jase oli oikeessa, niin olisko meidän sitten yhtä mutkikas ? Ja mä luovuin kysymyksen kelailusta kun näin Jasen jo nukahtaneen.

Angel ei sit palannut seuraavana aamuna tai päivänäkään vaan vasta seuraavana iltana pudottaen meidät heti kättelyssä:

-Mä olen rakastunut, mutten sillai ku yleensä ! Tää on eri juttu, mun ei tarvinnut edes luopua mun siivistäkään ! Angel ilmoitti heti sisään päästyään.

-Vittu, onks musta tullu jo ennustajakin ? Jase ihmetteli ja Angel jatkoi taas:

-Muistatsä sen vaaleen nuoren naisen niillä jatkoilla, sen jonka kanssa mä tulin jutskanneeks melkein koko yön. Just ! Se jatkopaikka sattuu muuten olemaan sen hima ja kun mä menin sinne mä en enää ehtinytkään sieltä pois ja..

Angel kertoi ja kertoi ja ihmetteli itsekin välillä koko hommaa ja sitten seurasi pitkä analyysi Angelin valitun ulkonäöstä, luonteesta ja tietysti vielä itse öistä ("ei me kyl viel ehditty tekee paljo mitään").

-..mä en olis uskonut itsekään, mut ei kai voi muuta enää ? Tätä pitäis vissiin juhlia vai ? Mä meen sinne uudestaan sit illan jälkeen ! Uudestaan, uskoisitsä ? Mikä tää kirja muuten on ?

Angel hiljeni hetkeksi alkaen selailla sohvalla ollutta kirjaa.

-Hei tää on hyvä.. .unohda nimeni, muista se vain kädenpuristuksena.. .just ! Tai jos tota jatkais vähän niinkö vaik et: ..tai biisinä rollareitten levyllä, ni toihan olis suoraan musta, joo. Voisinks mä muuten soittaa Angien taas, Jase ?

-Siitä vaan, mä meen valmistautumaan. Jase vastas naureskellen.

"..Angiee.." Angel ulvoi mukana piirtäen samalla käsillään naisensa ääriviivoja ilmaan ja mä en pystynyt pitämään pokeria kun mä huomasin minkä sutenöörin maailma oli siinä menettänyt, oikeen Mr Angel Loven, ja Angel digaas itsekin ideasta.

-Joo, toi ois hyvä.. .jos mun kaikki muu menee, ni mä harkitsen tota sitten. Mut vaikka mä menisin tai päätyisin vaikka minne, ni kai me kuitenkin vielä nähdään ? Angel kysyi yhtäkkiä ja mä myöntelin et "joo, totta kai", vaikken oikein ehkä tajunnu täysin et mitä se meinas ja samassa Jase tuli takaisin makuuhuoneesta ilmoittaen olevansa valmis juhlimaan.

Angel vaikutti olevan tosi tyytyväinen ja onnellinen ja yritti ilmeisesti parhaansa mukaan saada meitä tuntemaan samoin viihdyttämällä meitä sen illan. Kehuen tapahtunutta, mua ja Jasea yhdessä ja erikseen, oluen laatua tänään ja kaikkea mahdollista. Jase etenkin vaikutti tyytyväiseltä kuunnellessaan ja väliin hymyillessään mulle tutulla mitämäsanoin-ilmeellään ja mun oli pakko myöntää et hyvä hyvä. Ja kun loppuillasta Angel ilmoitti lähtevänsä naisensa luokse, me suunnistettiin takaisin Jasen kämpälle.

Mä olin jo ehtinyt kelailla meneväni muutamaks päiväks kämpälleni toiseen kaupunginosaan ja olin just tekemässä lähtöä kun ovikello soi ja Jase hyppäs avaamaan.
-Moikka, ei toi Angel ois täällä ? Ovella seisoi just semmoinen Angelin kuvausta vastaava vaalea, vähän epävarman näköinen nainen.
-Se antoi mulle tän osoitteen pari päivää sitten, sen piti tulla eilenillalla mun luo mut ei tullutkaan, ei..
-Ei, se ei oo täällä just nyt, Jase sai sanottua ollen yhtä ihmeissään kuin mäkin.
-Täs on mun numero, josse tulee tänne. Pyytäkää sitä ottaan yhteyttä tai ainakin soittaan, osoitteen se jo tietääkin.
-Joo me sanotaan kyl, moi moi. Jase sulki oven ja kysyi molempien puolesta ääneen:
-Mihin vittuun Angel on kadonnut ?

Mä siis vaihdoin paikkaa hoitaakseni asioitani, vaikka ajatukset pyöri vaan lähinnä Angelin jutussa niin kuin varmaan Jasellakin, että mihin se oli kadonnut tai mitä sille oli tapahtunut ? Mä en olis edes halunnut miettiä sitä niin paljon, mutta aina vaan se palas mieleen. Siinä oli jotain mitä mä en kerta kaikkiaan tajunnut.
Eihän Angelilla olis luullu olevan mitään skitsoiltavaa, ainakin noin yleisesti. Sehän oli omasta mielestään just löytänyt sen mitä oli etsinyt, ja sitten häipyy. Ja mitä enemmän mä sitä mietin, sitä useammin mä huomasin päätyväni ajattelemaan että ehkä Angel ei ollutkaan niin pitkällä kuin me vaan vielä pidemmällä. Paljon pidemmällä ?

Mut jos niin olis ollut niin eikö se olis kertonut ? Sen aikaa mitä mä olin Angelin tuntenut, Jase tietysti vielä kauemmin, niin meidän kolmen välillä oli semmoinen luottamus et kenenkään ei ois tarvinnut valehdella.

Olihan tietty vielä sekin mahdollisuus, että Angel olis yksinkertaisesti päätynyt uusintaan, mutta sen tuntien sekään ei vaikuttanut mahdolliselta.

Mä hoitelin juttuni ja palasin kulmille parin päivän päästä ja suunnistin aseman ravintolaan vetämään yhden kaljan. Heti kun mä astuin sisään mä näin Angelin.

Angel istui ravintolan peräosassa yhden pidemmän pöydän ääressä yksin ja oli näköjään ehtinyt istua jo pidempään koska muut pummit olivat jättäneet sen rauhaan.

Mä meinasin aluks mennä suoraan sen luo, mutta jonotin kuitenkin ensiks itselleni tuopin tiskiltä ja lähdin vasta sitten pöytää kohti.

Angel oli nähnyt mut jo ovella ja naureskeli mun saapuessa pöytään:

-Mä tiesin et jos tänne joku eksyy, niin se oot kyllä sä.

-Ootsä sit ollu täällä koko ajan ? Kaikki vaan kelaa et missä vitussa.. .se sun naises kävi Jasella ja.. Mulla olis riittänyt kysyttävää, mut Angel keskeytti mut:

-No en sentään vitussa, mut siinä viereisellä osastolla kyllä. Mä oon pari päivää tsiigannu noita raiteita ja junia ja noita korkeajännitejohtoja ja tota koko hommaa. Mä tajusin koko jutun silloin yöllä kun mä olin kulkemassa tästä ohi. Mä tajusin etten mä tarvitse nyt naista, vaan jotain ihan muuta, niinkö esmes Ikaros.

-Siis niinkö mitä ?

-Mä en voi täysin kertoo sitä vielä, Angel otti huikkaa väliin. -Mut se on juttu, joka mun on tehtävä. Sulla ja Jasella on omat juttunne enkä mä niihin puutu. Mä teen omani parhaani mukaan ja jos mä olen oikeassa niin mä odotan teitä. Jos taas väärässä ni.. .mä tulen takaisin, kyllä sä tiedät. Tavalla tai toisella..

Me keskityttiin hetkeksi pelkkään juomiseen eikä kumpikaan puhunut mitään, kunnes Angel lisäs vielä lopuks:

-Mä tiedän kyllä, et sä et pidä tästä mut mun on silti pakko pyytää. Älä kerro Jaselle tai kellekään muullekaan et sä näit mut täällä. Siis kellekään, oisko liikaa pyydetty ? Angel kysyi.

-Ei Jasellekaan ?

-Ei, ei kellekään. Angel varmisti.

-Okei sitten, mä lupasin.

Angel nousi pöydästä ja sanoi käyvänsä vessassa, mutta lähti kuitenkin eri suuntaan kuin missä vessat olisivat olleet. Mä join vielä toisen tuopin odotellessani ja kun Angelia ei kuulunut takaisin, mä jatkoin juomista.

Aamulla Jaselta herätessäni mä luulin aluks sen eilisen Angeliin törmäämisen olleen unta niin kuin senjälkeisen ryyppäämisenkin, mut noustessani sängystä mä tunsin krapulan liiankin todellisena ja muistin taas kaiken.

Vessanpyttyä tuijottaessani mä yritin miettiä niitä Angelin juttuja, siinä se oli ainakin ollut oikeassa puhuessaan viereisestä osastosta ja siellä olemisesta, olo tuntu just siltä. Muuten mä en ollut niinkään varma.

Mä olin kuitenkin luvannut olla puhumatta siitä muille ja mä uskoin, että Angelilla oli varmaankin kunnon syy pyytäessään tollaista. Mä aioin pitää lupaukseni ja toistaiseksi ei varmaan vois tehdä muuta ku odottaa Angelin paluuta tai mitä ikinä.

Ja aikaa kului useampia päiviä, eikä kukaan nähnyt Angelia missään tai kuullut siitä mitään. Jase kertoi mulle et olihan Angel katoillut ennenkin mut ne oli olleet jotenkin erilaisia tapauksia. Sillai et aikaisemmin sen saattoi melkein tuntea kuinka Angel lensi aina jossain mut nyt: Ei mitään.

Ainoa, minkä saattoi tuntea oli lähestulkoon krooninen epävarmuus, mitä me yritettiin lievittää väliin dokaamalla, väliin muilla jutuilla ja päivät vaan kulki eteenpäin jonkinlaisessa sekavassa odotuksessa.

-..luuletsä et Angel ois voinu.. .kyllä sä tiedät, vaik eihä siinä ois mitään järkee ! Ei se voi.. .tai sitten se vaan o.. Pitäiskö meidän seurata sitä, jos meki..? Jase kelaili jatkuvasti.

-Ei me tiedetä sitä, kyllä sä sen tiedät. Ja voihan se vaikka ilmestyy ovelle koska vaan Mä yritin järkeillä jotain mutten tainnu kuulostaa kovinkaan vakuuttavalta ja Jase jatkoi taas:

-Tiedätsä, tos pari päivää sitten mä kuulin yhtä juttuu et joku ois taas loikannu junan alle tossa aseman nurkilla ja mulle tuli heti mieleen et ei kai.. .mä ajattelin et jos sieltä sattuis löytymään sulkia tai mitä nää nyt on, höyheniä niin emmä tiedä..

Jase hiljeni ja jäi miettimään jotain.

-Onks mitään varmaa tietoo ?

-Eilen mä kuulin ohimennen yksiltä tyypeiltä et tunnistamaton vaaleahko mieshenkilö, sopis ihan hyvin vai.. .vittu mä en oo voinu. Jos se on.. .seuraavaks säkin tietysti katoot kanssa, vai ? Jase kysyi, mut se kuulosti jo enemmänkin toteamukselta.

-Jos se nyt yleensä on ollut Angel..

 Ja niin edelleen ja edelleen, dokaaminen tuntui olevan ainoa asia noina päivinä, mistä me päästiin yksimielisyyteen.

Mutta mä luulen, että Jasekin oli jo alkanut tuntea saman mitä mä itsekin jo pelkäsin. Että luku olis jo meidän huomaamatta tullut täyteen ja oli koittanut seuraavan siirtymisen aika. Yksin niin kuin aina ennenkin, mut koskaan sitä ei oppinut muistamaan. Silloin kun kaikki on selvää, on yksin.

Niinku sillai, et jos nuoruus oli ollut yöjunia ja ex-neitsyitä ja nykyisyys taas jonkinlaista parittelua ja pyromaniaa niin totta kai sä odotat sen jatkuvan, et ei tää tähän voi jäädä, mut useimmiten se on vaan toiveajattelua.

 Mä muistelin Angelin naureskelua siitä kirjasta, mitä se oli selaillut: ..unohda nimeni, muista se vain kädenpuristuksena.. .tai biisinä rollarilevyllä.. .kai me kuitenkin nähdään vielä ?..

Proc. (prologi)

Muoviterminaalin olut on aina lämmintä

Istuin sinipunaisessa muoviterminaalin baarissa Perjantai-iltapäivänä kuluttaen aikaa olutta juomalla. Olin kunnossa, aikataulu ja kaikki muukin oli selvää ja arvelin ehtiväni saavuttaa kevyen nousuhumalan ennen laivaan astumista.

Terminaali ja sen baari olivat tähän aikaan jo melko täysiä, mutten kaivannut seuraa. Joisin mieluummin yksin ja puhumatta kenenkään kanssa, itse laiva ja etelä olisikin sitten asia erikseen. Vaikka Unionin asema oli täälläkin vahva niin se ei kuitenkaan ollut samaa kuin etelässä ja nutipäitä välttääkseen kannatti pitää suht matalaa profiilia.

Viereiselle tuolille istunut nainen tilasi oluen ja katseli suuntaani hetken ennen kuin avasi suunsa.

-Lopultakin mä löysin sut, muistatsä mua enää ? Hei, mä tunnen sut.

-Mä en tarjoo jos sä sitä luulet, vastasin huikkien välistä.

-Eiku mä siis tunnen sut, sä oot Unionin tyyppejä ja tunnenhan mä sut muutenkin.. .etsä muka muista mua ?

-En, vastasin totuudenmukaisesti.

-Ja höpöhöpö Ande, vai vieläks sua kutsutaan niin ? Ja nykyään sä duunaat noita Unionin kuvioita, miltä ne susta tuntuu ?

Nainen tuntui olevan jonkinlainen kyselyautomaatti ja päätin olla puhumatta enää. Pelkkä onnekas nimenarvaus ei vielä todistanut mitään.

-Mun mielestä se on jotenkin tajutonta, etenkin kun tietää ton sun menneisyytes Ande.

Myötätuntoisesti hymyillen nainen kumartui lähemmäs kuin olisi ollut kyse suurestakin salaisuudesta selvästi vastausta odottaen, enkä kyennyt tajuamaan mistä menneisyydestä tämä puhui ? Pornonatseista ?

-Mun menneisyyteni päättyi jo ajat sitten, vastasin lopulta vain sanoakseni jotain.

-Ai jaa, no sori. Nainen hymyili edelleen.

-Minkä takia, sä lähdit taas vaan vai ? Ande, sä et tosiaankaan taida muistaa mua vai ?

-En, vastasin jo toisen kerran.

-Ande, mä olen Saide..

Saide ! Nimi tärähti kierteellä silmieni väliin ja tunsin terminaalin ja 15 viime vuoden katoavan jonnekin taustalle. Saide, vanha rakastettuni ja partnerini menneen levottomuuden ajoilta. Nainen, jonka edestä olisin tuolloin tehnyt vaikka mitä ja teinkin ja.. .kasvot alkoivat näyttää tutuilta, mutta halusin vielä varmistua.

-Jos sä olet Saide niin sulla pitäis löytyä jotain navan alapuolelta.

-Ai sä muistat sentään sen tatuoinnin, Saide nauroi. -Haluisitsä nähdä sen taas vai ?

Nyökkäsin.

Singh I (ehdoton)

 Kukaan ei tuntunut muistavan saati sitten tietävän mistä ja milloin Singh oli tullut ja ottanut asemansa Unionissa, mutta yhden asian tiesivät kaikki. Singh oli ehdoton.

Singh oli pitkä, nelissäkymmenissä oleva tumma hahmo ja kaikkien yläpuolella niin henkisesti kuin fyysisestikin vaikkei virallisesti kuulunutkaan Unionin ylimpiin ryhmiin. Hänestä sai helposti ylimielisen vaikutelman jonkinlaisena "tummana eminenssinä", mutta se oli vain osa hänestä.

Järjestysnumeron I hän oli saanut nimensä perään tavastaan järjestellä ja hoitaa asioita toimimaan oudolla älyn ja tunteen sekoituksella, minkä monet ymmärsivät ehdottomuudeksi. Mutta Singh oli enemmän, sen lisäksi että sai asiat sujumaan hän sai ihmiset myös näkemään.

..aina lämmintä

-Meinaatsä tulla sieltä etelästä takaisin enää ?

-Tottakai, mun on vaan noudettava sieltä..   .yks asia. Mun elämä on suurimmaksi osaks täällä nykyään.

-Niinku sun vaimos vai ? Saide virnuili. -Ei se mitään, mä seurustelen itsekin nykyään. Menneet on menneitä ja niin edelleen mut jos sä vaan.. .tai anna olla.

Saide vaikeni ja veti huikat tuopistaan.

-Jos mä mitä ? kysyin.

-Ande, mä puhun sulle suoraan. Mä tiedän mitä sä olet menossa hakemaan ja mä tiedän sun olevan Singhin asialla. Homma on kuitenkin niin että se sama.. ."asia" on meille yhtä tärkeä kuin Unionille ja jos sä voisit ajatella toimittavas sen meille Unionin sijaan niin meidän kahden ja koko pohjoisen tulevaisuus vois olla tosi erilainen.

Saide katsoi ympärilleen, huokasi ja jatkoi:

-Sun ei tarvitse sanoo mitään heti, mä olen järjestänyt mun miehen samalle laivalle ja se etsii sut ja auttaa sua kaikessa mitä sä pyydät.. .ja niin me muutkin. Mä tiedän myös, että ainoastaan kuriirit tietää numerosarjat eli me ei saatais sitä maihin kun taas sulta se onnistuis. Koskaan ei ole liian myöhäistä muuttua uudestaan, Ande.

Huomasin terminaalin alkaneen tyhjentyä laivaan.

-Mä olen utelias näkemään sun miehes, Saide.

Tuttuja huoria

Polteltuani hetken hytissäni suunnistin lähimpään laivabaariin, mistä kuului ääntä. Baari oli pub-mallinen ja olut siellä olisi kylmää, mutta päädyin silti juomaan bacardicolia.

Huurupäissäni katselin ympärilleni odottaen näkeväni Saiden miehen Jurin, mutta baarimikon lisäksi paikalla ei ollut kuin kaksi munkkia ja joukko tuttuja huoria.

En koskaan tulisi ymmärtämään noita naisia vaikka tunsinkin heidät. Säännöllisin väliajoin he matkasivat etelään sekoittaakseen päänsä ja tienasivat siinä samalla rahat seuraavaan matkaan sillä vanhalla tavalla.

Huomasin katselevani koko ryhmää silmällä, joka yleensä avautuu alkoholin ja pilven yhteisvaikutuksesta. "Katsotaanpa", mietin. "Tumma ? Ei. Toinen tumma ? Ei ei. Blondi ? Ei perr.. Ehkä vasemmalta ? Hmmm.. .kitisijä ? ei. Teeskentelijä ? ei. Liian nuori ? ei.. .tällä kertaa. Ei ja ei."

Tytöt saattaisivat kyllä viehättää jos heitä ei tuntisi ja minä taas tunsin heidät liiankin hyvin.

Singh II

Juotuani useampia paukkuja aloin miettiä kuinka paljon Saide oli tiennyt Unionin asioista ja toimista. Saide näytti edelleenkin toimivan asian ja aatteiden puolesta, jotka itse olin jo aikaa sitten myynyt ja unohtanut. Ajatukseni siirtyivät Saidesta Singhiin.

Singhin lempisanontoja oli: Jos haluat uskollisen vaimon, mene naimisiin huoran kanssa. Sitä uskollisempaa naista ei kukaan mies löydä.

Hetken aikaa ymmärsin Singhiä.

Läski hikoilee

Hän oli aina ollut Unionin mies. Hän ja vaimonsa ja lapset, työ. Kaikesta saattoi nähdä sen. Hän oli kuulunut Unionin kannattajiin koko sen olemassaoloajan eli siis lähes koko aikuisikänsä, ja nyt tämä !

Hän ei ymmärtänyt mitä oli tehnyt väärin ? Hänen työnsä satamapäällikkönä ei ollut kenties kovinkaan tärkeää Unionin kannalta, mutta hän oli hoitanut työnsä hyvin.

Ja silloinkin määräysten mukaisesti, eikä ollut käyttänyt asemaansa rikastuakseen vaikka se olisikin voinut olla helppoa. Ja sitten hänen vastuulleen oli annettu tämä ja vaikkakin vain hetkeksi niin silti. Hän ei kyennyt ymmärtämään miksi häntä nyt koeteltiin näin ?

Läski hikoili ja tuijotti pöydällään olevaa salkkua, jonka kyljessä olevat kolme numerosarjaa pienenivät eri tahdeissa nollaa kohti.

"..tuotava tämä tänne asti. Seuraava kuriiri tulee huomisaamun laivalla syöttämään uudet koodit siihen ja ottaa sen mukaansa. Unionin mukaan ette saa koskea siihen, siirtää sitä ettekä myöskään jättää sitä hetkeksikään ennen uuden kuriirin saapumista. Salkku saattaa näyttää pieneltä, mutta jos jokin menee pieleen niin saamme tänne oman atollin. Näkemiin taas."

Siinä kaikki mitä kuriiri oli hänelle sanonut. Numerosarjat pienenivät koko ajan omiin tahteihinsa tikittäen. Läski täytti taas lasinsa.

Tietämättä asiasta yhtikäs mitään tulli ja muut sataman virkailijat arvelivat päällikkönsä vihdoin seonneen ja naureskelivat tälle avoimesti ikkunan takana.

Ääliö herää

Juri heräsi tumman huoran nuollessa hänen kasvojaan. Avatessaan silmänsä hän näki kattopeilin kautta päässään pinkinvärisen afroperuukin sekä jaloissaan naisten mustapitsiset pikkuhousut.

"Eloise" mölähtäen Juri loikkasi sängystä samalla kun teeskentelijä avasi hytin oven ja röyhtäisi.

-Tarkistakaa pyykkinne, teeskentelijä ilmoitti ja tytöt poistuivat hytistä kikattaen.

Märän unen loppu

Edellisilta palasi mieleeni hetkessä, mutta pätkittäin. Olin taas juonut liikaa, haukkunut paikallaolijat sekä kapteenin ja oksentanut viherkasvin ruukkuun.

Olin myös muistavinani jotain oudosta seksistä naisten vessassa, mutten ollut varma. Jokatapauksessa aamupano olisi ollut nyt asiaa.

Mietin taas Singhiä, Saidea ja tämän miestä. Laiva olisi aamupäivällä satamassa ja tyypin olisi löydettävä minut sitä ennen. En ollut päättänyt mitään, halusin ainakin tavata tämän Jurin ensin ja muodostaa käsitykseni vasta sitten.

Aamiainen tuntui senverran vastenmieliseltä ajatukselta, että olisi parempi suunnata suoraan baariin. Tytöt olisivat jo nyt varmasti siellä ja sieltä Juri minua kuitenkin ensiksi etsisi. Hoidin jauhot nenääni ja lähdin baariin.

Mäntti

Tytöt olivat jo baarissa täydessä vauhdissa, eilisen munkkeja ei sen sijaan näkynyt. Eikä myöskään ketään, joka olisi voinut olla Juri.

Eilisiä pokiaan naureskellen tytöt kertoivat eräästä, joka oli jäänyt hyttiin peruukki päässä ja pikkuhousut jalassa.

Tarinat olivat senverran outoja että nauroin itsekin mukana, vaikken kaikkea aina täysin ymmärtänytkään ja ohikiitävän hetken harkitsin itsekin laivahuoraksi ryhtymistä.

Kolmannen teräväni aikana baariin astui mies, jonka täytyi olla Juri. Heti minut nähtyään hän kääntyi pöytäämme kohti huorien revetessä taas uuteen nauruun.

Joskus voi kokea kuutamon keskellä päivää

Tyyppi oli idiootti. Ei ulkonäkönsä tai käytöksensä vaan mielipiteittensä ja "ajatustensa" puolesta. Juomisen lomassa puhuimme niitä näitä, mutta etupäässä tietenkin tehtävästäni ja Saidesta. Tehtävästä pyrin vastaamaan kertomalla asioita, jotka tiesin Jurin (sopiva nimi mäntille) jo Saidelta kuulleen. Sitä paitsi Jurin puhuessa Unionista ja sen vastustajista tämän ääni muuttui niin monotoniseksi, että arvelin tyypin lukeneen nuo jutut jostain ja opetelleen ne ulkoa.

Saidesta puhuttaessa muutos oli taas lähes päinvastainen. "Saide sitä ja Saide tätä.." tyyppi oli klassinen esimerkki jätkästä joka on samaa mieltä naisen kanssa vaikka mistä saadakseen pillua.

Päätös Singhin ja Saiden välillä ei silti olisi yksinkertainen eikä helppo, molemmat halusivat vakauttaa pohjoisen mutta kumpikin omalla tavallaan. Sen taas olin jo päättänyt että Jurista olisi päästävä eroon, en vain vielä tiennyt miten.

Laiva olisi satamassa muutamia tunteja ennen takaisinlähtöä ja kun tytöt pyysivät meitä mukaansa erääseen hotelliin siksi aikaa suostuin huomatessani heidän kaikkien Juriin kohdistamansa himokkaan demoniset hymynsä.

Myös Juri näki saman ja mäntti näytti ottavan sen imarteluna !

Ihmisen sivuaineita

Hän heräsi allensa laskeneena ohikulkevien ihmisten ääniin.

Laiva oli saapunut hänen nukkuessaan ja kuriiri saapuisi pian vapauttamaan hänet vartiointihelvetistään. Salkun numerosarjoita kaksi oli päätynyt nollaan eikä kolmaskaan ollut siitä enää kaukana, missä se mies viipyi ?

Hän tiedosti märät housunsa taas ja tunsi kahta suuremman hädän olevan jo tulossa. Silti, hän hoitaisi tehtävänsä vaikka löysät housuissa niin kuitenkin. Unioni voisi luottaa häneen !

Laiva oli tyhjentynyt matkustajista eikä kuriiria näkynyt paikalla vieläkään, hän tajusi liiankin hyvin mitä tämä merkitsi. Kuriiri oli tietenkin jo mennyt maihin ja tulisi noutamaan salkun vasta laivalle palatessaan. "Miksi vitussa aina minä ?" hän mietti tarttuessaan taas pulloon.

Hotellin kirjat

Tarkkailin tilannetta seisten nurkassa suuren viherkasvin takana hinkaten biljardipalloa housunetumuksiini. Tytöt todella tiesivät oikeat paikat. Ulkoapäin katsottuna talo oli vaikuttanut tavalliselta, hieman ränsistyneeltä hotellilta kun taas sisävaikutelma antoi kuvan bordellista helvetissä.

Turkoosinsinisessä aulabaarissa osa tytöistä oli ryhtynyt taas tienaamaan ja loput keskittyivät Jurin päihdyttämiseen. Jukebox oli juuttunut soittamaan Elviksen Heartbreak hotelia koko ajan ja herr Schnell (kuulemma paikan omistaja) saapui luokseni puhumaan taas elävistä ankoista.

"..te tiedätte.." kuulin vain pätkiä puheesta Elviksen alta. "..täysin erilaisia kuin esimerkiksi hanhet.."

Hinkkasin lisää.

Synninpäästö

Nähdessään kuriirin vihdoin saapuvan hän ei voinut enää hillitä itseään..

Sarja kohtaamisia

Palasin taksilla satamaan hyvissä ajoin, ilman Juria ja huoria. Tytöt palaisivat laivalle omia teitään ja herr Schnell pitäisi kyllä huolen Jurista (antamastani pienestä lahjoituksesta hän lupasi pidätellä tätä hotellissa muutaman päivän).

Avatessani päällikön oven joku ryntäsi ohitseni vessaan ja näin salkun pöydällä. Enempiä viivyttelemättä syötin Singhiltä saamani koodit salkun turvarakenteisiin, seuraava koodaus tapahtuisi vasta paluumatkan jälkeen.

Odottelin satamapäällikköä hetken aikaa, mutta kun ketään ei kuulunut niin palasin laivaan. Salkku tuntui oudon kevyeltä sen sisällön huomioon ottaen.

Koska en saanut luopua salkusta hetkeksikään, katsoin parhaaksi viettää paluumatkan yksin hytissäni. Ilma oli loistava ja meri näytti kauniilta kuten aina silloin, kun tiedät joutuvasi viettämään seuraavan vuorokauden yksin vain tikittävä salkku seuranasi.

Paniikki wc:ssä

Hän tajusi selvinneensä ja nauroi hysteerisesti vessanpytyllä istuessaan..

Godzilla ei asu täällä enää

"Yritin lähteä hytistä, mutta joku oli vaihtanut saranat oven toiseen laitaan. En välittänyt asiasta koska koskaan ei ole yö eikä kukaan haluaisikaan ulos.."

"..laskevan auringon värejä.. .kaukana yön taivaalla.. .narsk narsk.."

"Kaaos ei synny järjestyksestä vaan siitä itsestään. Se on pelkkä kohtalon kieroutunut koukku, jolla ei ole todellista merkitystä."

"..juoksin kellarissa kaapuun pukeutuneena ja ruoskin rottia. Narsk. Se tuntui olevan ainoa paikka, missä painovoima vielä toimi.. .helvetin nenä !"
"Jotain outoa siinä kyllä tapahtui kun Saiden silmien tilalla oli pesukoneiden luukut, siis käynnissä olevien."

"..tötterötukkainen tyttö on joko rokkari tai sitten käyttäjä, heh heh.. .narsk narsk.."

"Pelkkää kuolemaa ilman tarkoitusta.."

Paluumatkani oli tylsä ja mielenkiinnoton.

Menneet hölmöilyt

Katselin laivan hidasta saapumista satamaan ja oloni tuntui lähinnä eltaantuneelta. Tunsin jollain lailla menettäneeni jotain palaamalla taas tänne enkä jaksanut oikein kiinnostua mistään. Saiden puheiden mukaan hän odottaisi minua ja Juria muoviterminaalissa, josta voisimmekin sitten lähteä "uutta tulevaisuuttamme" kohti. Ennen Saiden kohtaamista täytyisi kuitenkin soittaa Singhille ja saada uudet koodit, tai odotettavissa olisi vanha ikivihreä Bye bye baby..

Matkalla putkesta terminaaliin törmäsin taas huoriin, joilla näytti olevan taas hauskaa ja lupasin tulla baariin hoidettuani ensin pari asiaa. Katsoin salkun lukemia ja sen mitä niistä ymmärsin, niin minulla olisi vielä ehkä varttitunti aikaa saada uudet lukemat syötettyä. Kaivoin puhelimen esiin ja olin juuri valinnut Singhin numeron, kun tunsin koputuksen selässäni ja katkaisin puhelun. Tiesin sen olevan Saide ja käännyin.

-Ande.. .no hei. Ootsä taas ottanu ? Missäs Juri muuten on ?

-Jurilla oli senverran hauskaa, että se päätti jäädä yhteen bordelliin vielä muutamaks päiväks. Kai se joskus ens viikolla tulee taas..

-Voihan paska ! Olis nyt sen luullu tajuavan, mutku ei niin ei sitten. Se on sit me kaks taas,

onks "se" tossa salkussa vai ?

-Jees, nyökkäilin. Sama vanha Saide.

-No joo, nevermind Juri. Kai me sit voitais jo lähtee ?

Katsoin hetken baarin suuntaan, nyökkäsin Saidelle ja lähdimme kulkemaan käsi kädessä terminaalista ulospäin..